BIBLIOTECA DE LA SALUD

# FENG SHUI DE LA TIERRA

## La Geoterapia y su empleo en la vida diaria

JOSÉ MANUEL CHICA CASASOLA

# FENG SHUI DE LA TIERRA

## La Geoterapia y su empleo en la vida diaria

grijalbo

**EL FENG SHUI DE LA TIERRA**
*La Geoterapia y su empleo en la vida diaria*



D.R. © 1999 por EDITORIAL GRIJALBO, S.A. de C.V.
Calz. San Bartolo Naucalpan núm. 282
Argentina Poniente 11230
Miguel Hidalgo, México, D.F.



ISBN 970-05-1064-6

IMPRESO EN MÉXICO

*Para los que buscan*
*incansablemente*
*nuevos sueños en el horizonte*
*y crean los espacios*
*con rayos de sol y luna*
*para vivirlos.*

*Al doctor Nguyen Van Nghi y a Yuji Yahiro,*
*quienes me introdujeron en la exploración*
*del fascinante universo de la energía.*

*A Blanca Valle y Tzui,*
*a Gilberto Salgado y Roxana Aguirre*
*por el afecto, los lugares y las aventuras compartidos.*

*A Elena Torrent y Adriana Jiménez*
*por su ayuda en las correcciones del texto,*
*y a Yolanda Kelly por sus ilustraciones.*

# Índice

TERCERA PARTE

ARMONIZACIÓN Y ARQUITECTURA ENERGÉTICA EN LOS ESPACIOS VITALES

# Prólogo

Tanto el desarrollo personal y social como la consecución de un estado de plenitud, equilibrio interior y felicidad dependen de la capacidad de percibir las realidades externas e internas de forma coherente y de interactuar con el flujo y reflujo de los constantes movimientos de la energía y de la vida.

La ciencia y arte del Feng Shui es un decodificador de la realidad energética que nos envuelve y su profundo conocimiento nos aporta claves para vivir en plena armonía.

En una sociedad polarizada en lo material, agobiada por el estrés, la prisa, el ruido, la contaminación, las relaciones conflictivas y el anquilosante sedentarismo —fruto de la tecnificación de todos los procesos vitales—, vivir de forma equilibrada y armónica parece una utopía inalcanzable.

Quizás no podamos cambiar el macroentorno, pero sí podemos actuar sobre nuestra realidad más inmediata y personal; los espacios vitales en los que pasamos la mayor parte del tiempo: la casa y el lugar de trabajo.

Es ahí donde la ciencia milenaria del Feng Shui nos aporta herramientas para crear armonía, para mitigar o paliar los excesos de energía Yang de las descomunales ciudades, de sus anchas y rectas avenidas, de los mastodónticos edificios altos y llenos de aristas.

Desde la perspectiva del Feng Shui, lo que nos rodea no es inerte, sino que todo posee energía y vibración e interactúa con todas y cada una de las energías y vibraciones circundantes. Así pues, nuestra energía vital se ve afectada —positiva o negativamente— por las interacciones que continuamente establece con las energías del entorno.

A través de una milenaria cultura basada en la observación profunda de los fenómenos de la naturaleza, los chinos establecieron una serie de pautas y le adjudicaron nombres metafóricos a los fenómenos, a fin de describir y comprender mejor su relación con el resto de elementos de la naturaleza y predecir sus fluctuaciones e interacciones.

De este conocimiento, a medio camino entre el arte y la ciencia, nació la geomancia china, y una de sus aplicaciones más populares a lo largo del tiempo: el Feng Shui.

Esta obra se presenta como una excelente herramienta de trabajo para la investigación en el campo de las interacciones energéticas. No se queda en el puro anecdotario de consejos y sugerencias prácticas y estéticas para mejorar nuestra vida o la vivienda, como sucede con otros libros de Feng Shui; describe y profundiza en los conceptos, los atributos, las imágenes metafóricas que definen a la realidad a través de las fuerzas del Yin y el Yang —antagónicas y complementarias— en constante movimiento y relación, manifestándose en cada espacio, lugar, color, persona u objeto decorativo.

Nos habla de la energía vital o Qi —pronunciado Chi— que fluye sin cesar en la atmósfera, entre el cosmos y la Tierra, e interactúa absolutamente con todo, modificándose y modulándose al discurrir a través de las montañas y los valles, penetrando al interior de nuestras viviendas y circulando a través de nuestra piel, de nuestra respiración y flujo sanguíneo.

Lo más fascinante del libro es que nos da pautas y nos estimula para que desarrollemos la observación, la intuición, la sensibilidad corporal y sensorial, a fin de percibir en forma más auténtica la realidad circundante. Todo ello por medio de ejercicios de percepción, visualización y valoración interior de los espacios habitados.

Por medio de esta obra podremos discernir sobre la relación que mantenemos con los lugares, las personas, las cosas y las pertenencias, descubriendo si resultan para nosotros elementos energetizantes o, por el contrario, ejercen una acción desvitalizante y destructiva.

Los conocimientos y la práctica de la geomancia y del Feng Shui preceden y complementan las investigaciones que desde hace varias décadas llevamos a cabo en Occidente los practicantes de la Geobiología, ciencia que investiga la relación entre las energías y radiaciones cósmicas y terrestres, así como sus interacciones positivas o negativas sobre los seres vivos.

La Geobiología se ha centrado en los parámetros más físicos y constatables como las radiaciones terrestres, las alteraciones geofísicas —venas de agua subterránea, fallas geológicas, magnetismo...— y la contaminación eléctrica y electromagnética, describiendo los innumerables trastornos de salud y patologías que padecen quienes habitan en viviendas alteradas por estas energías.

El Feng Shui complementa la dimensión más sutil de la realidad energética. Su conocimiento y práctica acertadas pueden aportar soluciones a problemas existentes, o al menos mejorar las condiciones de habitabilidad de muchas viviendas y lugares de trabajo que están ejerciendo una influencia negativa sobre sus moradores a causa de la disarmonía energética allí presente.

Desde estas líneas damos nuestra enhorabuena y agradecimiento a José Manuel Chica por los conocimientos que nos comparte, y a ti, lector, te animamos a profundizar en el apasionante mundo de las energías sutiles y su influencia en los procesos de toda existencia. Que estas páginas sean una puerta abierta a nuevas dimensiones de la realidad, que te aporten equilibrio, paz interior, salud y, sobre todo, mucha felicidad.

Mariano Bueno
Presidente de la Asociación de Investigación
Geobiológica (GEA)
y autor de los libros *Vivir en casa sana*
*y El gran libro de la casa sana*

# Presentación

El Feng Shui es una disciplina de origen chino que practicaban los antiguos geomantes taoístas: un sistema de conocimiento que permite reconocer en nuestro entorno inmediato los lugares más favorables para el desarrollo de la vida y sus actividades.

El propósito de este libro es poner a su alcance las bases para aprovechar y en su caso modificar las características de aquellos sitios en los cuales desarrolla sus actividades cotidianas, tales como su vivienda y su centro de trabajo. Por medio de diversos ejercicios prácticos, aprenderá a sensibilizarse y a detectar las características energéticas de un lugar determinado a fin de procurarse una existencia más armónica y satisfactoria. Al abordar preceptos fundamentales de Feng Shui, presentaremos el mensaje energético esencial, de manera que no se ciña a la simple aplicación de "recetas y curas" para viviendas transcritas mecánicamente del pasado.

Feng Shui significa literalmente Viento y Agua, y hace referencia a una visión sutil del universo sustentada en las pautas cíclicas de la energía y la naturaleza. Una fuerza celeste y activa como el viento, y una fuerza profunda y fluida como el agua: de su encuentro surgen infinidad de paisajes, desde un hermoso lago acariciado por la brisa hasta un tornado devastador.

## *Canales y puntos energéticos*

La visión de los geomantes sobre los grandes paisajes resulta muy similar a la de los médicos taoístas y acupuntores acerca del ser humano. Un cuerpo cósmico como la Tierra es sostenido por canales o meridianos energéticos: los canales solares (filamentos y haces vibratorios muy activos) y los canales lunares (grutas y túneles ligados a las fuerzas frías y terrestres).

Para la medicina china, el cuerpo humano en su naturaleza última es una formación de canales energéticos participantes de las fuerzas celestes y terrestres. Del encuentro de estas fuerzas surge la vida, primero como región embriológica, y después como organismo. La fusión de diferentes haces energéticos crea los diversos sistemas fisiológicos, las estructuras anatómicas, las regiones o centros energéticos y más de tres mil puntos energéticos con diversas funciones e intensidades vibracionales.

## *Geopatías o enfermedades debidas a la influencia del lugar*

La Tierra, al igual que todo organismo, dispone de un intrincado sistema de canales y puntos energéticos, en ocasiones demasiado intensos y perjudiciales para nuestra salud. Algunos puntos específicos pueden resultar extremadamente perjudiciales, dando origen a graves padecimientos y desvitalizaciones. Esta visión es compartida por la Geobiología, ciencia interdisciplinaria relativamente reciente, que ha observado estas alteraciones del subsuelo como causantes de padecimientos o geopatías.

La extensión de la acupuntura más allá de las fronteras orientales ha ayudado a conformar un concepto más integral de la enfermedad, entendiéndola no sólo como un mal externo —como el caso de las infecciones por microorganismos—, sino como un desequilibrio energético, una ruptura de la fluidez y la organicidad que resultan al separarnos del medio natural y la espontaneidad. Según la acupuntura pueden ser causa de enfermedad entre otros factores: las influencias intensas de las estaciones y los climas, los problemas de carácter psicológico, la alimentación equivocada, los tóxicos, el uso descuidado de la sexualidad, los traumatismos y la herencia energética.

El Feng Shui sostiene que las emanaciones terrestres en forma de frío, humedad, radiaciones o impulsos energéticos de diverso signo pueden ser causa de enfermedades somáticas o psicológicas; que el encuentro específico de estas fuerzas terrestres con las influencias solares y cósmicas puede forzar nuestra flexibilidad y fluidez inicial al punto de trastornar el sistema inmunológico y las capacidades autorreguladoras del organismo.

## *El Feng Shui de la Tierra: Hacia una nueva cultura del hábitat*

Es necesario señalar que si bien esta disciplina se formó en la cosmovisión energética del taoísmo, aún no ha sido plenamente incorporada a la visión moderna de la medicina china que se ha desarrollado durante este siglo en Occidente. Parte del propósito de este libro es avanzar en su aprovechamiento como método terapéutico.

El Feng Shui, como toda propuesta filosófica y práctica, tuvo en la antigüedad múltiples enfoques. Las dos tendencias principales fueron:

1. El Feng Shui de la Tierra o de las formas,[1] que armonizaba los lugares a través de la adecuada confluencia de relieves naturales, de estructuras arquitectónicas, de flujos energéticos —llamados las venas del Dragón Azul y el Tigre Blanco—, y de sistemas reguladores de la energía ambiental.
2. El Feng Shui Celeste o de las direcciones,[2] establecía vínculos energéticos entre el lugar y sus habitantes con los movimientos y ciclos de la naturaleza, a través de flujos no visibles de la energía —coincidentes con las ocho grandes direcciones cardinales—, para desarrollar

[1] En esta corriente se inspira este libro.

[2] Este último enfoque se inspiró en el antiguo texto del I Ching, una visión integral del universo en la que se distinguen nueve posiciones arquetípicas de la energía, de la cual devienen sesenta y cuatro tendencias o movimientos.

facetas particulares de la energía con diversos propósitos como la salud, la realización o la creatividad, entre otros.

El Feng Shui de la Tierra, por su vínculo principal con la energía del planeta, puede ayudar a concebir una nueva cultura del hábitat, ya que una de las tendencias principales de la humanidad en este siglo ha sido el abandono del medio rural para sumergirse en un paisaje de formas arquitectónicas que nos alejan del origen: la naturaleza.

Este libro incursiona en el vínculo que existió entre Feng Shui y medicina china, es decir, hay un interés en conectar y comprender los aspectos energéticos del organismo y el medio ambiente como una unidad, y evaluar esta relación en el ámbito de las ciudades. En algunas ocasiones se interpretan fenómenos modernos que obviamente no pudieron prever los antiguos geomantes, o se toman como referencia investigaciones modernas en Geobiología y otras ciencias del ambiente.

El libro tiene el propósito de permitirle explorar la relación entre la búsqueda de una vida más plena y el uso de la influencia de un lugar en este anhelo, le ofrece pautas para crear ambientes o neutralizar —dentro de lo posible— las influencias perjudiciales de un lugar desarmonizado; también encontrará ideas sobre cómo usar un lugar polarizado o extremo para ayudar al tratamiento de ciertos padecimientos según los preceptos de la medicina china, que he denominado como geoterapia.

Si bien el texto está enfocado a la casa o vivienda, y a la prevención de enfermedades con origen en un lugar pertur-bado, este sistema de interpretación y regulación del medio ambiente puede ser aplicado a otras facetas de la vida al proporcionar un tipo de energía específica que nos ayude a estudiar, ser más creativos, más extrovertidos, meditar, descansar bien, tener más vitalidad, relacionarnos mejor con quienes nos rodean, cambiar comportamientos o pensamientos desgastantes, etcétera.

El Feng Shui, junto con otros enfoques del medio ambiente entre los que destacan la Geobiología, las diversas corrientes de la Ecología, la Geofisiología[3] o la biogeoquímica,[4] pueden enriquecer la medicina, la arquitectura, la decoración y la calidad de vida; el Feng Shui puede ser un área de interés para médicos, terapeutas, ingenieros, arquitectos, diseñadores y decoradores, y para cualquiera que desee mejorar su cotidianidad y tener una perspectiva más ecológica del mundo.

## *La casa como instrumento de exploración de la vida*

El Feng Shui es el arte de tejer energía. Al acercarse a los canales de la naturaleza, podrá tejer con fibras de diversas intensidades y direcciones, haciendo realidad un antiguo comentario atribuido a Lao Tse —uno de los unificadores del taoísmo—, quien dijo que desde su casa viajaba a cada rincón del universo.

La energía Shen o conciencia es una consecuencia avanzada de recuperar nuestra naturaleza energética. Antiguamente dichos canales energéticos eran explorados por los antiguos taoístas al modificar su configuración energética y expandir la conciencia casi siempre limitada al mundo de los pensamientos. Esas rutas Shen, quizá aproximadas a lo que hoy se llama en psicología transpersonal estados modificados de la conciencia, son, en palabras de Lao Tse, puertas de exploración hacia el infinito.

Las diversas disciplinas de trabajo energético corporal pueden ayudar a crear este nuevo tipo de conciencia, o también podemos iniciar esta búsqueda a través de la concepción energética de los espacios vitales. Se trata de una exploración, una aventura posible en un mundo cada vez más aburrido y ensimismado.

[3] Disciplina creada por James Lovelock, científico atmosférico, que sostiene que la Tierra es un superorganismo vivo, y que se podrían aplicar los principios de la fisiología humana para comprender su naturaleza. Lovelock es coautor —junto con Lynn Margulis, microbióloga — de la Hipótesis Gaia, que relaciona los diversos fenómenos de la vida planetaria como un continuo indivisible con los mecanismos transformadores y reguladores del medio ambiente.

[4] Disciplina creada por el científico ruso Vladirmir Y. Vernadsky, muy cercana a la Hipótesis Gaia de una Tierra viviente.

*Primera parte*

# Energía

# 1. Filosofía del Feng Shui

## *Introducción*

La visión taoísta del mundo ha sido una de las más influyentes en la civilización china. Algunos orientalistas calculan de tres a cinco mil años de vida para este sistema de conocimiento.

El taoísmo es un camino de conocimiento para acceder a la experiencia *de conciencia global o Tao*, al trascender la individualidad. La base de este proceso es la observación. El taoísta es un aprendiz de la naturaleza, busca la comprensión directa y sin palabras del universo, observando y experimentando sus movimientos y transformaciones.

Uno de los temas que ha generado más interés en la colectividad taoísta ha sido la búsqueda de la inmortalidad. Muchos practicantes perecieron en el intento al malinterpretar este concepto y ensayar con misteriosas fórmulas alquímicas que proponían distintas combinaciones de minerales y venenos con un supuesto poder para eludir la muerte. Sin embargo, tal búsqueda de inmortalidad más bien parecía sugerir la posibilidad de acceder en vida al cuerpo de energía y su información ancestral, para lograr desplegar la conciencia en el momento de morir igualándola con el universo.

Esta estrategia parte del presupuesto de que es posible generar otra conciencia más amplia si llegamos hasta nuestra naturaleza energética, el *cuerpo de energía*. Lograrlo requiere redefinir el uso de esta fuerza vital a fin de acumularla. Sin embargo, como en todos los colectivos humanos, entre los mismos taoístas las opiniones fueron diferentes: algunos desarrollaron diversos sistemas para transmutar y refinar este cuerpo de energía al enlazarse con la naturaleza, tales como el Tai Chi, el Chi Kung, el yoga alquímico, el Feng Shui y el I Ching; otros simplemente insistieron en el cultivo de la *espontaneidad* como principal ruta de navegación hacia la conciencia global.

El Feng Shui, particularmente, fue un sistema geomántico cuya práctica permitía vincularse con los movimientos generales de la naturaleza y sus cambios climáticos, así como con las influencias cósmicas y telúricas[5] de un lugar determinado para lograr una vida armoniosa, plena y saludable.

Para acercarnos mejor al Feng Shui primero debemos familiarizarnos con algunos conceptos esenciales de la filosofía taoísta, tomando en cuenta que éstos en realidad son mapas que invitan a confrontarlos con la experiencia propia.

## *El Tao*

El *Tao* no es una idea o un concepto mental; es una experiencia "incomprensible e inexplicable" a la que se han referido maestros y eruditos como el vacío, lo indiferenciado, la conciencia global, el camino de la naturaleza, el misterio... Para acceder a tal vivencia, hay que ampliar la percepción del mundo que aprendimos dentro de una cultura determinada, a fin de volverla más abstracta;[6] se trata de desplazar la conciencia de un orden a lo indiferenciado, de la materia y la forma a la energía y la transformación.

[5] Relativo a la Tierra y las influencias del subsuelo.
[6] Por abstracción no entendemos el proceso de elaborar conceptos generales, sino el de llevar a la conciencia lo que se escapa a la razón, lo imprevisible y lo intangible.

Existe algo, un todo indiferenciado, que nació antes
de los Cielos y la Tierra.
Sólo tiene imágenes abstractas, ninguna forma concreta.
Es profundo, oscuro, silencioso,
indefinido; no oímos su voz. Asignándole un nombre,
lo llamo el Camino, el Tao.[7]

Para esta filosofía práctica existen, al menos, dos grandes reinos de cognición: la razón —un canal angosto, unilateral y masculino—, y otro infinito que lo sobrepasa, mucho más antiguo, abstracto y femenino: un canal de percepción secretamente anhelado y cuyo desafortunado alejamiento nos hace sentir eternamente incompletos. El salto de un canal a otro depende del uso especializado que le damos a la atención, un nuevo enfoque desacostumbrado:

Cuando deseamos percibir los márgenes de la realidad,
la mente se enfoca en el Es, el Ser, lo conocido, el orden,
la forma, lo separado; en cambio, cuando uno desea
contemplar el misterio de la totalidad de la existencia,
la conciencia se debe adentrar en el No ser, en lo ilimitado,
lo intangible e indiferenciado.
Ambos mundos surgen de una fuente común aunque reciben nombres
distintos.
Ambos son misterio, misterio sobre misterio, puerta de
acceso a todas las maravillas.[8]

## *La energía*

El *Chi* o *Qi* se traduce del chino como soplo o aliento vital, aunque en términos más modernos lo llamamos energía. La energía

[7] Wen Tzu, compilación de textos atribuidos a Lao Tse.
[8] Adaptación de diversos fragmentos del Tao Te King atribuidos a Lao Tse.

es la parte no visible de la forma y la materia; digamos que "no existe" en el quehacer cotidiano debido a las discriminaciones perceptuales que han impuesto la cultura, la sociedad y un estrecho sentido de identidad.

Médicos y exploradores taoístas de la conciencia, forzados por la necesidad de darle un valor pragmático a la noción de energía, distinguieron diversas pautas energéticas tales como fluctuaciones, velocidades, funciones, intensidades, estructuras, movimientos, direccionalidades, transformaciones, interrelaciones, intercambios incesantes y diversos estados de conciencia. Esta "visión energética" del universo tiene gran parecido con los nuevos paradigmas de la ciencia moderna, en particular de la física subatómica.[9]

## *Cuerpo de energía*

Para los taoístas, la naturaleza primordial del organismo es una particular concentración de filamentos energéticos que se mantienen agrupados por la fuerza de la vida. Entre las agrupaciones energéticas principales se encuentran:

1. *La energía ancestral,* que surge de la fusión de infinitos haces de energía pertenecientes al cosmos, la Tierra y la especie. Esa energía original —que se recibe en el momento de la concepción— se desplegará a lo largo de la vida, y luego mermará hasta la muerte para integrarse en el universo; está dotada de tres facetas:

   - Una energía antigua cedida por el cosmos, que incluye la totalidad de experiencia consciente que poseía el

[9] El físico Fritjof Capra profundizó y divulgó estos paralelismos en el libro *El Tao de la física*. También es interesante conocer la obra del físco David Bohm al respecto.

universo hasta ese momento (conciencia global o transpersonal. Una energía genética que reúne la información que nos da la pertenencia al Phylum o especie).
- Una energía que impulsa hacia la diferenciación de cada ser (ontogénesis o proceso de individualización).

La energía ancestral será la raíz de todas la potencialidades del nuevo ser, y se estructurará en la profundidad del cuerpo energético en una agrupación de filamentos energéticos llamados Vasos Curiosos,[10] que formarán los sistemas nervioso y óseo, las glándulas endocrinas y sexuales. Esta energía no podrá incrementarse más allá de lo reunido en el momento de la concepción y si se desgasta, menoscabará la resistencia y el sujeto envejecerá prematuramente.

2. *La energía adquirida*, que deviene del intercambio del ser humano con la vitalidad cósmica. Se obtiene de la alimentación y la respiración, pero también surge de los intercambios con las energías estelar, solar, lunar, terrestre y de las relaciones interpersonales.
3. *La energía protectora*, que contiene la presión de las influencias exteriores, da al organismo la posibilidad de adaptarse sin brusquedades o menoscabo de la salud, por ejemplo, ante los cambios climáticos o los intercambios emocionales intensos.
4. *La energía Shen*, el espíritu o conciencia de ser, que se estructura en torno al corazón, se debilita con emociones desgastantes como la ira, la envidia, los celos y los apegos, así como el abuso de tóxicos como el alcohol y el tabaco. Sin embargo, se incrementa con la quietud mental, el gozo de la naturaleza y las artes, el ejercicio y la ampliación de las limitaciones perceptivas.

[10] Algunos autores los traducen también como Vasos Maravillosos.

## *El Yin y el Yang*

*El Yin y el Yang* son las cualidades de un modelo explicativo dinámico que utiliza el taoísmo para reflejar la apreciación dual del Universo, la contradicción, el antagonismo, los procesos de influencia, intercambio o intertransformación de dos funciones generales de energía:

- una Yang, transformativa y expansiva
- y otra Yin, estructural e integradora.

Los ideogramas chinos que reflejan este dualismo se refieren a dos laderas de una misma montaña:

- Una Yang, soleada, seca y caliente, la cara orientada al sur que recibe los rayos solares, donde la vida se manifiesta con gran dinamismo,
- otra Yin, sombría, húmeda, densa, oscura y orientada hacia el norte.

Sin embargo, ambas laderas son la montaña, dos facetas complementarias de una misma realidad.

Este modelo dualista *se enfoca* como el zoom de una cámara fotográfica; según el enfoque esclarecemos la dualidad energética en un nivel u otro: el Yang en las zonas circundantes a lo enfocado, el Yin en su centro y profundidad. Por ejemplo, si intentamos percibir a una persona, su piel será su naturaleza Yang, mientras que sus huesos serán su naturaleza Yin; si ahora particularizamos el enfoque en sus huesos, la médula será Yin, pero el cuerpo óseo será Yang. No hay una división excluyente entre estas dos categorías energéticas y todo depende de la delimitación del *enfoque.*

Si bien las funciones energéticas Yin y Yang se *oponen,* también se *complementan*: el invierno, que es de naturaleza Yin extrema, se retira al desplegar toda su potencia para favorecer la llegada de su contraparte, el calor Yang, primero tímidamente con la primavera y en su máxima expresión con el verano. Por tanto, Yin y Yang son fuerzas dinámicas que se intercambian: los opuestos se exploran, danzan o luchan generando ciclos de transformación.

El Yin y el Yang señalan la *ciclicidad* de la naturaleza: desde la vibración y oscilación intraatómica hasta grandes ciclos como los lunares, estacionales, astronómicos u otros, que difieren por sus diversas velocidades, direcciones y desplazamientos.

| | | | | | |
|---|---|---|---|---|---|
| **YANG** | Cielo | Calor | Masculino | Luz | Sur |
| **YIN** | Tierra | Frío | Femenino | Oscuridad | Norte |
| **YANG** | Transformación | Cabeza | Piel | Pensamiento | Energía |
| **YIN** | Estructuración | Pies | Huesos | Intuición | Materia |

## *Lo espontáneo y la quietud*

Si es que hubiera un principio sintetizador del conocimiento taoísta, éste sería la *espontaneidad*: el no derroche de esfuerzos innecesarios, la fluidez, la búsqueda del camino de menor resistencia, la sencillez exquisita, el desapego, la ausencia de rutinas o exigencias desgastantes, la conciencia del aquí y el ahora, el no tomarse demasiado en serio, el saber reírse de sí mismo y de los altibajos de la vida, el tener la capacidad de fluctuar entre las experiencias más diversas sin perder el equilibrio.

La espontaneidad se necesita para establecer una relación más abierta con la mente, por lo general prisionera de un terreno Yang extremo: la cabeza, la velocidad, la tensión, el sobrecalentamiento —estrés— y la parcialidad; esta posición unilateral del pensamiento favorece los vaivenes de las emociones desgastantes. Pero de una nueva posición energética más templada para el conocimiento, emanará la *quietud* interior.

La quietud surge de *la observación*: la posibilidad de percibir corporalmente al detener el flujo acelerado de pensamientos, consiguiendo intuiciones profundas y nuevos estados de conciencia que nos acercan a lo que los antiguos taoístas llamaron el conocimiento sin palabras. Cuando nos vaciamos de creencias, juicios, pensamientos y presunciones, una energía más antigua y abstracta puede habitarnos dándonos una nueva perspectiva.

La quietud mental flexibiliza la rigidez de la razón y favorece la configuración de un nuevo centro o sensación de ser, una región energética situada bajo el ombligo donde se pueden mezclar las energías Yang mentales y Yin intuitivas para encontrar nuevas opciones de conocimiento.[11]

## *Resumen*

El taoísmo es una concepción energética y práctica acerca del universo, que pretende rescatar una conciencia más amplia y global, ligada a nuestra naturaleza energética.

El Feng Shui es una disciplina taoísta que se aproxima a los lugares desde esta perspectiva energética, a través de la observación y la percepción directa y sin palabras.

Para poder dar un sentido práctico a sus apreciaciones, los antiguos geomantes desarrollaron la concepción dual Yin y Yang de los espacios y lugares, por medio de la cual podían representar los encuentros de la energía terrestre, lunar y globalizadora con la energía solar y activa.

El taoísmo sostiene que hay un conocimiento que todo lo abarca y que no está regido por el pensamiento. Cuando nos fundimos con la tendencia natural de las cosas —la espontaneidad— se abre la puerta de acceso hacia la conciencia global a la que se denomina Tao.

[11] Esta región energética es conocida entre los practicantes del yoga taoísta como el Tan Tien, y se encuentra en la región periumbilical del bajo vientre, en el primer tercio de distancia entre el ombligo y el hueso púbico.

# 2. Paisajes de energía

## *Introducción*

Bajo el concepto *Paisajes de energía* entendemos grandes espacios o configuraciones de energías, sean éstas:

- de orden cósmico, como las influencias de los cuerpos celestes sobre la Tierra, o
- grandes regiones geográficas que presentan una relativa unidad energética.

Los paisajes energéticos influyen en sus habitantes en dos aspectos cruciales:

- En el momento preciso de la concepción, a través de la dotación de la energía ancestral.
- Por la naturaleza del subsuelo, de los movimientos cíclicos de los cuerpos celestes y de los cambios climáticos.

Para conseguir una amplia visión de los paisajes energéticos, en este capítulo estudiaremos en detalle la configuración de los canales celestes y terrestres, las seis expresiones esenciales de la energía estacional y una amplia red de fenómenos relacionados en la teoría holonómica[12] de Las Cinco Transformaciones.

[12] Relacionada con el todo, con la globalidad.

## *Cielo y Tierra*

*El Cielo y la Tierra* son la primera gran diferenciación de energías Yang-Yin: las energías celestes son ligeras y activas, rápidas, muy dinámicas y son atraídas por la Tierra, de donde emanan energías más densas y pasivas, más cercanas a la sustancia y a la forma; mientras que las energías celestes progresan linealmente, las terrestres tienen movimientos envolventes. De su encuentro surgen espirales de creación y transformación: los ciclos estacionales, la alternancia de los días y las noches, la danza de los mares y la Luna, las tormentas y huracanes, las erupciones volcánicas y, cómo no, las diversas formas de vida orgánica.[13]

Los grandes flujos energéticos telúricos y los influjos del cosmos han creado los paisajes energéticos en la Tierra, sumergiéndonos en sus vibraciones y estados peculiares de conciencia.

## *Los tiempos del cielo*

Cuando un ser es concebido, su paisaje energético se configura a partir de dos tiempos o dimensiones, que establecerán su esencia energética y su proyección posterior; estos dos tiempos se conocen como:

- *El Cielo anterior*, que se refiere al paisaje energético de la galaxia en el momento preciso de la concepción —la unión del óvulo Yin femenino y el esperma Yang masculino en un tiempo y un lugar preciso—, a la herencia genética y las peculiaridades de la energía ancestral que recibirá el embrión.

[13] Es interesante que esta imagen de "espiral creadora" sea muy similar a la espiral del ADN celular, la cual contiene la información genética que fundamenta la biodiversidad. El químico belga Ilya Prigogyne señaló a los remolinos y tornados (espirales o estructuras disipativas) como los primeros sistemas terrestres que presentaron comportamientos anticaóticos.

- *El Cielo posterior*, el cual se refiere a los procesos diferenciadores como la individualización, la egoización y socialización de la percepción —según las conjeturas de cada época y las vivencias personales—, los intercambios energéticos con el medio ambiente que habitamos y las relaciones personales. El Cielo Posterior es la relación concreta de un individuo o una colectividad —que se desarrolla en un tiempo y un lugar determinados— con la energía adquirida, un largo proceso que se inicia en la vida intrauterina y termina con la muerte.

Diversas ramas de la Astrología exploran la importancia de la relación de estos dos tiempos del Cielo, señalando ciertas pautas generales determinadas por el nacimiento de los individuos, y su influencia posterior en el transcurso de sus vidas.

Para una mayor comprensión de lo que nos sucede es importante esclarecer el gran paisaje energético en el que nacimos, de la misma forma que sería necesario conocer las peculiaridades geoenergéticas de las regiones a donde viajamos en forma temporal o para establecernos permanentemente.

## *Las seis energías climáticas*

Otro ángulo que define a un paisaje energético es la influencia de seis energías climáticas a lo largo de las cuatro estaciones:

- el Viento
- el Calor
- la Humedad
- el Fuego o calor extremo
- el Frío
- la Sequedad

De estas seis expresiones básicas, surgen asociaciones múltiples de energía estacional, como por ejemplo:

1. La asociación de dos energías estacionales como viento y calor, viento y fuego, viento y humedad, viento y sequedad, viento y frío, calor y fuego, calor y humedad, calor y sequedad, humedad y frío, frío y sequedad.
2. La asociación de tres energías estacionales como viento-calor-sequedad, viento-calor-humedad, viento-frío-sequedad, viento-frío-humedad, viento-fuego-sequedad.

Estas asociaciones de energías tienen una presencia peculiar en cada región específica, como por ejemplo en los trópicos, donde prevalece la humedad-calor. También tienen influencias cíclicas ligadas a los cambios estacionales, como en algunas franjas costeras del Mediterráneo donde se presenta humedad caliente en verano y humedad fría en invierno.

Estas asociaciones de energía nos obligan a interactuar con ellas, enlazándonos con el movimiento estacional y elevando el nivel de vitalidad si tenemos la fluidez requerida, o enfermándonos si no la hay.

## *Paisajes y cuerpo de energía*

*Ching mo* es el concepto chino referente a un trayecto, un recorrido, una irrigación o flujo de energía relacionado con el organismo.[14] No es un concepto cotidiano, ya que en una gran herida veremos músculos, arterias o nervios, pero no apreciaremos ningún canal energético. Sin embargo, podemos sentirlos si nos damos tiempo para sensibilizarnos a la percepción de la energía, o como consecuencia del estímulo de ciertos puntos de sus recorridos, por ejemplo por medio de la acupuntura. Los canales se han llegado a topografiar realizando mediciones de conductividad eléctrica; más recientemente se han radiografiado con isótopos

[14] En Occidente, diversos autores han traducido los *Ching mo* como meridianos, canales, vasos y sinarterias. También nos referiremos a ellos como flujos, haces, formaciones y agrupaciones energéticas, centros, puntos, zonas, capas y bandas, intentando resaltar el matiz más conveniente según el contexto. La realidad es que los Ching mo no pueden estar limitados a un solo concepto.

radiactivos, apreciándose que sus recorridos se cruzan con venas o nervios sin disipar su flujo y sus trazados generales, en coincidencia con los mapas descritos por los antiguos médicos chinos.

Según los textos antiguos de medicina china, en el cuerpo energético existen grandes formaciones de vitalidad, entre las que destacan:

- Los *canales principales* y los *canales distintos,* por donde circula la energía orgánica y nutritiva.
- Los *canales tendinomusculares* que cubren la superficie del cuerpo con energía protectora.
- Los *vasos curiosos* por los que circula energía ancestral.
- Las diversas formaciones de *vasos Lo* que intercomunican y relacionan las diversas redes energéticas.
- Los *canales Shen o del espíritu,*[15] que dan acceso a la conciencia energética, de donde los taoístas se inspiraban para recrear su cosmovisión.

Muchos de estos canales son bilaterales, es decir, circulan uno en la mitad izquierda y otro en la mitad derecha del cuerpo, pero son de la misma naturaleza.

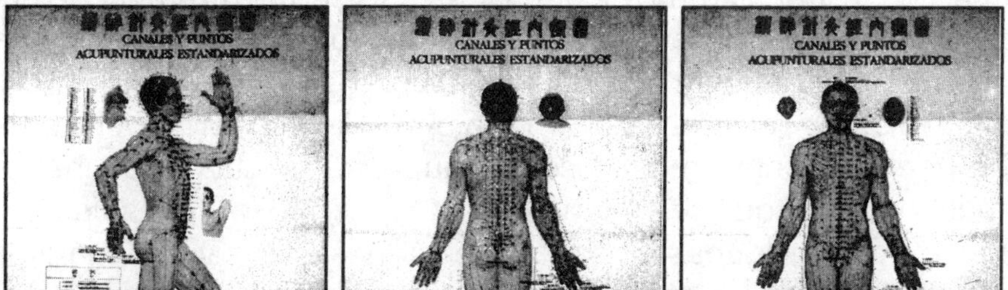


[15] Estos canales Shen no están explícitamente citados en los textos de medicina china, aunque en la tradición oral antigua se hace referencia a ellos; se hacen accesibles cuando se ha desarrollado el cuerpo energético y sus diferentes haces han cobrado un significado práctico y concreto.

Hay descritos más de *tres mil puntos energéticos activos* que funcionan como puertas o vínculos con el cosmos, la Tierra, los ciclos energéticos o como sistemas reguladores de la organicidad. El conjunto de puntos está regido por una asombrosa inteligencia que los abre o los cierra para conectar los canales según requerimientos generales o específicos, sean estímulos de la naturaleza o cambios internos —pensamientos y acciones—, o para lograr estados de conciencia extraordinarios fusionando el mundo interno con el externo. Conforman un sistema intrincadísimo de compuertas que regulan nuestra disposición energética poniéndola al alcance si es requerida, reservándola si hay escasez o dándonos impulsos extraordinarios de lucidez y creatividad. Pueden usarse para incrementar nuestra energía y conciencia, para curar o para bloquear una agresión.

Si visualizamos estos canales, puntos e interconexiones, sobreponiéndolos a la idea común de cuerpo, tendremos una aproximación al cuerpo energético: una inextricable red de relaciones. Podemos dar un color propio a la energía de cada sistema y seguir su movimiento en nuestra imaginación, y veremos fluidez y transformación constante en un cuerpo multicolor. En distintos momentos del día habría zonas de mayor actividad y concentración de energía, y si pudiéramos extender este experimento a la contemplación de un ciclo anual, en cada estación uno de los sistemas estaría especialmente activo y dinámico.

Al dirigir nuestra atención a la periferia y en torno del cuerpo de energía, podríamos observar que está vinculado a una red mucho mayor que se extiende hasta el infinito, a través de la conexión entre algunas de sus agrupaciones energéticas y la dinámica general de los canales del universo. Precisamente es a través de estos canales internos como los paisajes energéticos establecen relación con el organismo.

Si el cuerpo de energía pierde su fluidez, la red se deforma creando nudos de mucha tensión y agitación, y otras zonas donde los fluidos serían muy tenues o inexistentes. Los flujos del sistema energético quedarían incomunicados y su plasticidad y agilidad inicial se habrían perdido, dejando una red deforme que obstaculizaría los intercambios internos y externos de energía. Esto podría ser debido tanto a un comportamiento desgastante y rígido, como a una presión demasiado intensa de un paisaje energético, siendo este último caso uno de los aspectos que desea prevenir o detectar el Feng Shui.

## *Los canales terrestres y celestes*

La misma apreciación de red de canales y flujos energéticos puede aplicarse a los grandes paisajes, relieves y espacios; el lenguaje antiguo del Feng Shui los designa como *las venas del Dragón Azul y del Tigre Blanco.*

*El Dragón Azul* es un concepto simbólico para señalar las corrientes y fuerzas de naturaleza Yang Celeste, en las que los antiguos geomantes chinos podrían haber incluido bajo esta imagen los efectos globales de fenómenos hoy conocidos como:

- las galaxias cercanas al sistema solar
- las grandes constelaciones
- las dinámicas planetarias
- los agujeros negros
- los cometas
- los meteoros
- los periodos interglaciares[16]
- las radiaciones y tormentas solares, las manchas, el plasma solar y su campo gravitacional
- las emisiones ultravioletas UV de onda corta y baja frecuencia
- los influjos lunares y su campo gravitacional
- el oxígeno

[16] Contracciones de las grandes placas glaciares por periodos de 15 mil años, precedidos y seguidos de 100 mil años de glaciaciones o expansión de las placas.

- los eclipses
- los grandes movimientos de viento
- las tormentas eléctricas, los rayos y los relámpagos
- los huracanes, ciclones y tornados
- las altas cordilleras y montañas
- los grandes acantilados
- los procesos de erosión y desgaste
- las aves y agrupaciones de aves migratorias
- los microorganismos y la vida oxigenófila
- las diversas experiencias del tiempo

*El Tigre Blanco* sirve a su vez para designar los fenómenos y entidades de naturaleza Yin telúrica que en la actualidad conocemos como:

- los glaciares y glaciaciones o edades de hielo
- los océanos, mares y mareas
- los maremotos
- las capas freáticas (bolsas de agua y corrientes subterráneas)
- los ríos y sistemas fluviales
- las grandes cascadas
- las lluvias
- las nubes
- la reflectividad o albura[17]
- las rocas y minerales diversos
- las cavidades (grutas, cuevas y simas)
- las diversas texturas terrestres (arcilla, arena, etcétera)
- las fallas o fracturas terrestres
- los gases, las bolsas de petróleo y otros combustibles fósiles
- los sistemas volcánicos y el magma terrestre

[17] El color de la Tierra y las superficies marinas y la capa atmosférica de nubes determinan tanto la luz solar que se absorbe como la que se refleja —un 45% del total.

- las actividades sísmicas
- la deriva continental
- la dinámica de las placas tectónicas
- las montañas antiguas y onduladas
- los cañones
- el magnetismo terrestre
- radiaciones infrarrojas
- ozono (el gas estratosférico azul que filtra las radiaciones UV)
- anhídrido carbónico-$CO_2$
- la biodiversidad biológica (biota)
- el reino vegetal
- los grandes bosques tropicales (evotranspiración)[18]
- los animales de origen marino y terrestre
- microorganismos y procesos anaeróbicos
- procesos de restauración y autorrenovación
- la capacidad de generar estructuras estables y ecosistemas
- diversas dimensiones del espacio

## *Los grandes canales*

De la fusión energética global y particular en diversas regiones del globo terráqueo, surgen los grandes canales terrestres que presentan dos tendencias principales para la circulación de su energía:

- La circulación principal Yang celeste, que accede a la Tierra por el Polo Sur y va desplazándose hacia el norte a medida que se mezcla con las fuerzas telúricas.
- La circulación Yang suave o solar, que desplaza su energía del este hacia el oeste correspondiendo con el impulso de la influencia del Sol durante la rotación terrestre.

[18] Generación de grandes columnas de humedad sobre los ecosistemas tropicales, donde intervienen microorganismos, con grandes efectos refrescantes sobre el planeta.

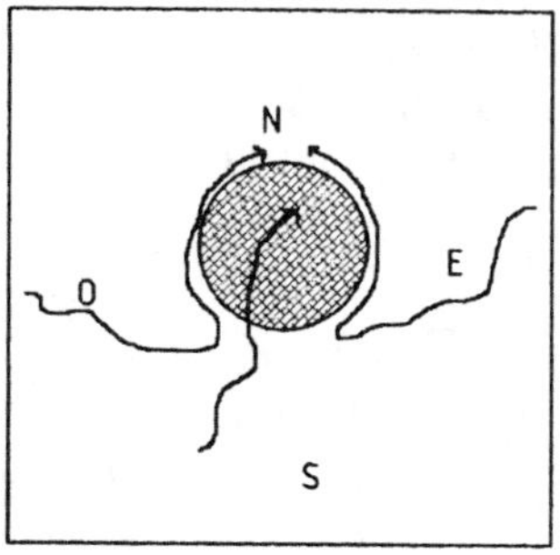


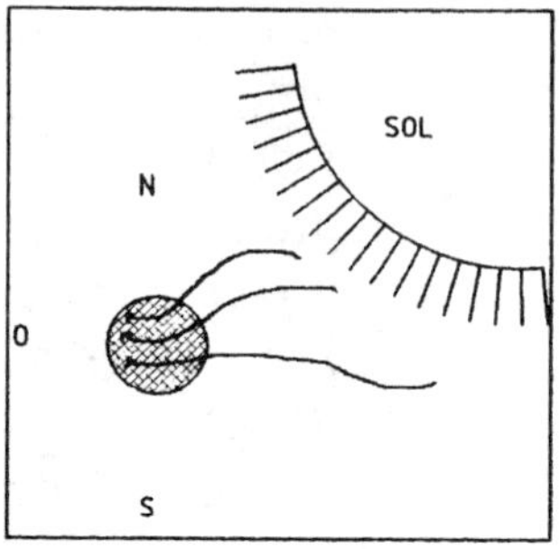


La energía celeste es atraída hacia la Tierra por la gran masa polar del Antártico, ofreciendo una inmensa extensión de Yin frío extremo que actúa como imán hacia las fuerzas de naturaleza Yang cósmica. Posteriormente, los grandes relieves montañosos, los valles y mesetas, los ríos, océanos y mares darán una dirección particular a cada expresión de las fuerzas celestes y terrestres en su encuentro y fusión.

Es interesante hacer notar la forma triangular del cono sur americano, de África y la India, ya que ésta es una forma Yang extrema, lo que favorece la captación del Yang celeste y su canalización y aceleración en estos continentes.

Una vez que la fuerza Yang cósmica desciende en el sur y el este, sigue las grandes cordilleras estableciendo los canales o flujos energéticos Yang de la Tierra:

- Los Andes en América del Sur, la Sierra Madre y las Montañas Rocosas en Norteamérica forman el canal más Yang de laTierra; éste contiene la mayor parte de los volcanes activos del continente y una constante actividad sísmica.
- En el "triángulo" africano, la fuerza cósmica se despliega por sus extensas planicies.
- En el "triángulo" indio delimitado por la gran barrera del Himalaya, la energía se capta en el sur y se canaliza hacia el oeste.

- En la costa asiática se alinean volcanes submarinos en el Pacífico y volcanes activos en las islas, y también hay actividad sísmica.
- Europa y Asia presentan relieves diversos, menos Yang, con formaciones montañosas orientadas con una gran tendencia este-oeste, conformando los canales Yang pequeños del globo. La fuerza Yang templada, y luego el Yin frío extremo, crecen con el desplazamiento de la energía hacia el Polo Norte.

También habría que incluir aquí las grandes regiones áridas, los desiertos y las grandes corrientes de vientos cálidos en la Tierra.

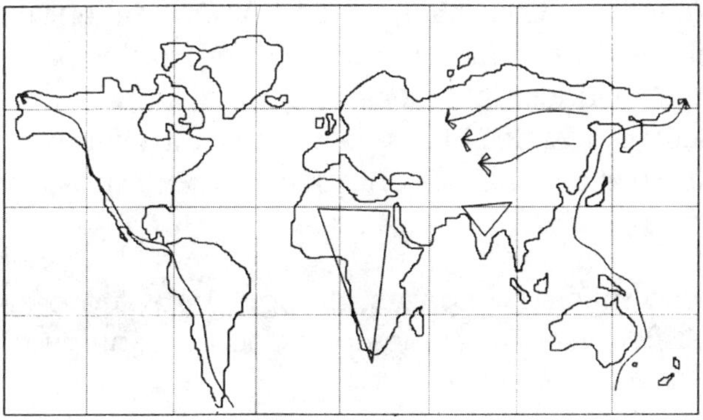

Por su parte, los canales Yin terrestres más notorios están formados por:

- En América, los ríos Paraná, Amazonas, Mississipi y Mackenzie; los océanos Pacífico, Atlántico y Ártico, y los grandes lagos.
- En África, los ríos Zambeze, Congo y Níger; los océanos Atlántico e Índico; los mares Mediterráneo y Rojo, y los grandes lagos.

- En Europa, los ríos Danubio, Ródano, Rhin, Sena y Volga entre otros; los mares Mediterráneo, Adriático, Negro, Báltico, del Norte y de Noruega.
- En Asia, los ríos Indo, Ganges, Yang Tse Kiang, Ob, Lena y Amur; los océanos Índico, Pacífico y Ártico; los mares Arábigo, de la China; del Japón, Ojotsk y de Behring —entre otros.

También habría que incluir aquí los relieves de los fondos marinos y sus principales corrientes, los grandes complejos espeleológicos,[19] las placas tectónicas y las grandes selvas tropicales.

## *Redes energéticas artificiales*

Finalmente, cabe añadir que un gran número de fenómenos naturales o artificiales han sido alterados, potenciados o desarrollados por la ciencia, la industria y las estrategias militares, principalmente en el transcurso de este siglo y, por tanto, también hay que considerarlos parte de los paisajes energéticos modernos, entre los que destacan:

- el uso masivo de gases, carbón, petróleo o electricidad
- las telecomunicaciones por onda o cable, incluyendo antenas y satélites
- incendios
- deforestación
- las centrales, bombas y explosiones nucleares
- las grandes minas subterráneas o a cielo abierto
- la emisión de grandes concentraciones de tóxicos al medio ambiente
- la lluvia ácida
- las exploraciones espaciales y la "chatarra espacial"
- la reducción de la capa estratosférica de ozono y el agujero antártico

[19] Grutas, cavidades y simas.

- el efecto invernadero o sobrecalentamiento de la Tierra
- la agricultura y ganadería intensiva[20]
- el uso perjudicial de insecticidas, pesticidas y fertilizantes

Muchos de estos fenómenos son perturbaciones de naturaleza Yang extrema,[21] ya que propician la ruptura de grandes y pequeños ecosistemas, de estructuras moleculares y genéticas a gran velocidad.

## *Las cinco transformaciones: relaciones holonómicas*

Otro aspecto conformador de un paisaje energético es la red holonómica conocida como Las Cinco Transformaciones —Wu Hsing, en chino—, la cual hace referencia a un cambio cíclico que se extiende a lo largo de un año energético (aproximadamente se inicia a mitad o finales de febrero, coincidiendo con el inicio del año chino). Este ciclo tiene cinco fases que reciben nombres simbólicos relacionados con las estaciones y un sinfín de pautas, ciclos y fenómenos universales conectados analógicamente por la afinidad energética:

*Madera:* primavera y viento
*Fuego*: verano y fuego o calor extremo
*Tierra*: fin del verano-germinación del otoño y humedad
*Metal*: otoño y sequedad
*Agua*: invierno y frío

Cada fase se refiere a una cualidad energética específica:

[20] Éstas han provocado la destrucción masiva de bosques y naturaleza virgen, la erosión de la extensión global del mantillo o humus, el aplanamiento de resguardos y contravientos y la contaminación de cuencas de agua.

[21] El Yang extremo se transforma en una fuerza desintegradora y unilateral que pugna por romper el equilibrio de un sistema; además en este caso, dicha energía esta asociada a la toxicidad y contaminación, lo que la convierte en una "energía perversa" o destructiva, de acuerdo con la medicina china.

*La Madera* es la energía del nacimiento y se despliega en los procesos como el nacimiento, la madurez o la decadencia; se le conoce como movimiento Yang pequeño y su energía es ascendente y extensiva; se relaciona con el reino vegetal por su despertar en la primavera.

*El Fuego* es la energía más dinámica y transformadora; se le conoce como Yang máximo, y su naturaleza es ascendente, lineal y veloz; se asocia con los grandes procesos transformativos ya que termina con las estructuras: al romper la estabilidad —de naturaleza Yin—, libera grandes cantidades de energía dibujando un nuevo ambiente más dinámico.

*La Tierra* —para la cual los taoístas señalaron dos acepciones: T'u, tierra en el sentido material y Ti, refiriéndose al cuerpo cósmico del planeta— es la energía que coopera, engendra y sostiene el equilibrio dinámico en la biosfera; establece enlaces y estructuras para que la energía se estabilice, aquiete y dé origen a la forma. El campo energético Ti regula los tránsitos interestacionales por periodos aproximados de 18 días. La Tierra, finalmente, es un movimiento central y "encarna" el arquetipo maternal por excelencia.

*El Metal* implica las actividades de fuerza y resistencia; se le conoce por Yin pequeño, y el movimiento de su energía es de repliegue, profundización y concentración. El metal y el otoño nos dan una pauta de cierta introspección y una retirada del impulso más activo que fue desplegado en el verano.

*El Agua* favorece la fructificación a través del recogimiento en el tiempo y en el espacio interior. Es el final de los procesos, la muerte aliada al frío del invierno que terminará con todo aquello que se tornó rígido e inflexible. Es el final de las viejas estructuras, que liberan su energía para sumarse al renacer que vendrá con una nueva primavera. El movimiento energético conduce a la profundidad, la oscuridad, el misterio y la soledad.

El ciclo de Las Cinco Transformaciones es un movimiento en espiral generado por dos fuerzas:

*Una fuerza generativa Yin*, por medio de la cual la energía de la Madera favorece el surgimiento del Fuego y éste de la Tierra; el despliegue de la Tierra hace nacer al Metal y éste al Agua, último movimiento que dará lugar a un nuevo ciclo de renacimiento en Madera.

*Una fuerza de control o poder Yang*, por el cual los movimientos antagónicos se controlan para que ninguno alcance un poder excesivo sobre los demás; así la Madera controla la Tierra, la Tierra al Agua, el Agua al Fuego, el Fuego al Metal y el Metal a la Madera.

LAS CINCO TRANSFORMACIONES CON SU CICLO GENERATIVO (IZQUIERDA), DE CONTROL (CENTRO)

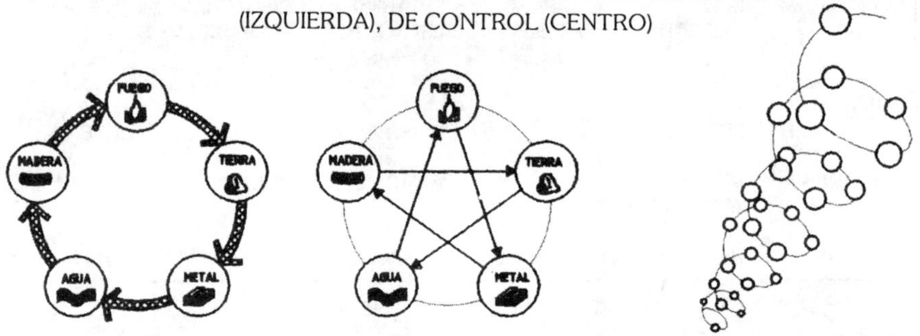


CICLO GENERATIVO

CICLO DE CONTROL

Y UNA PERSPECTIVA ESPIRAL QUE REFLEJA EL MOVIMIENTO CONTINUO DEL CICLO (DERECHA)

Las Cinco Transformaciones son una extensa *red de relaciones holonómicas* entre fenómenos, usada para determinar las mezclas específicas de energías y sus movimientos en un tiempo, lugar o persona; esta red tiene aplicaciones concretas en el diagnóstico de enfermedades en medicina oriental y en el Feng Shui.

## *El encuentro y la mezcla específica de las energías celestes y terrestres*

La energía Yang celeste se capta a través de las altas montañas, escarpadas y majestuosas. Picos y cordilleras cumplen funciones de antenas receptoras cósmicas; la energía desciende al encuentro de las emanaciones terrestres por las grandes aristas rectilíneas

| PRINCIPALES CORRELACIONES USADAS EN EL FENG SHUI SEGÚN LAS CINCO TRANSFORMACIONES | | | | | |
|---|---|---|---|---|---|
| **MOVIMIENTOS** | MADERA | FUEGO | TIERRA | METAL | AGUA |
| **ESTACIÓN** | PRIMAVERA | VERANO | FIN DEL VERANO | OTOÑO | INVIERNO |
| **ENERGÍAS** | VIENTO | CALOR | HUMEDAD | SEQUEDAD | FRÍO |
| **EFECTO** | ELEVA Y EXTIENDE | EXPANDE Y ACELERA | ESTABILIZA Y ESTRUCTURA | CONTRAE Y PROFUNDIZA | AQUIETA Y DESESTRUCTURA |
| **PUNTOS CARDINALES** | ESTE | SUR | CENTRO | OESTE | NORTE |
| **COLORES** | VERDE Y AZUL CELESTE | ROJO | AMARILLO | BLANCO | NEGRO Y AZUL MARINO |
| **FORMAS** | RECTÁNGULO | TRIÁNGULO | CUADRADO | CÍRCULO | ONDULACIONES |

y las pendientes de la roca, siendo éstas las expresiones visibles de los flujos energéticos Yang.

La fuerza Yin terrestre emerge en los niveles medios de las montañas bajas, onduladas y antiguas, y en los valles circundados por arboledas y grandes bosques. Su naturaleza Yin le hace ascender hasta las faldas de las montañas, donde se propicia el encuentro con el Yang celeste más vital; este encuentro facilita una fusión templada de ambas energías. Lugares con estas características son los más favorables para enclavar poblados; en el lenguaje antiguo se les conoce como "lugares del espíritu del valle".

La forma específica de cada montaña también nos da elementos para determinar la presencia de energía Yang Madera o Fuego, o bien si es Yin Metal, Agua o Tierra, según la configuración de Las Cinco Transformaciones:

- Las montañas rectangulares denotan la energía Madera o Yang pequeña.

- Montañas altas y triangulares señalan la presencia de energía Fuego o Yang grande.
- Montañas y valles con apariencia de cuadrado confirman la presencia de energía estabilizadora de Tierra.
- Montañas con forma circular insinúan la presencia del movimiento Metal o Yin pequeño.
- Cuando las montañas son bajas, onduladas y serpenteantes sabremos que hay energía de Agua o Yin grande.

Lo más conveniente es que un paisaje energético presente la más amplia diversidad de relieves montañosos en valles amplios y abiertos.

MONTAÑAS ASOCIADAS A LAS CINCO TRANSFORMACIONES

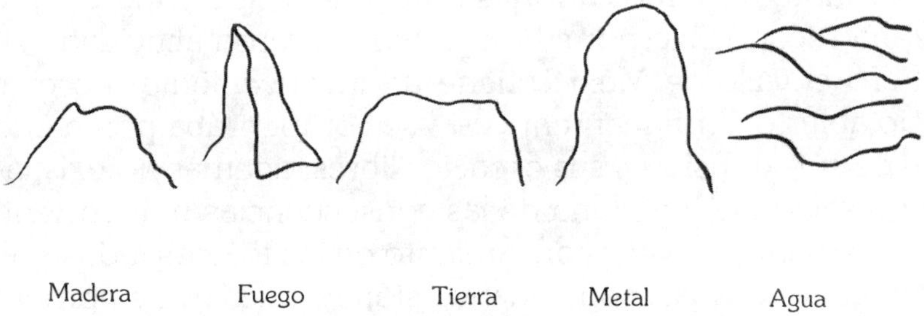


## *El valle de México, paisaje de energía*

Un caso interesante, a modo de ejemplo, es el valle de México, donde floreció la mítica ciudad precolombina de Tenochtitlan, y el cual alberga actualmente una grandiosa ciudad, el Distrito Federal, con una población superior a los 20 millones de habitantes.

El relieve natural presenta dos grandes volcanes, el Popocatépetl y el Iztaccíhuatl —La mujer dormida—, de una altitud superior a los cinco mil metros, además del Ajusco, una montaña de casi cuatro mil metros de altitud. Estos relieves funcionan como las antenas receptoras del Yang celeste en el valle; además el Popocatépetl es un volcán con cierta actividad, como la emisión de gases y fumarolas; cabe agregar que el lugar está constantemente influido por la actividad sísmica, que denota cómo las emanaciones terrestres también están liberando la fuerza Yang de la Tierra.[22]

Las montañas que delimitan el valle tienen las formas clásicas de Madera, Fuego, Tierra, Metal y Agua, lo que indica la presencia de uno de los ciclos más influyentes en nuestra vitalidad: la energía de Las Cinco Transformaciones.

Por otro lado, este lugar tuvo un aporte de Yin terrestre muy intenso por la presencia del gran lago donde estuviera asentada la gran Tenochtitlan, así como por los bosques que con la expansión de la ciudad moderna se han ido reduciendo.

Por tanto, tenemos aportes muy grandes de Yang y Yin en una zona reconocible por su magnitud e intensa actividad.

Pero el valle de México tiene un inconveniente: no es un espacio abierto. Antiguamente esto se compensaba por la enormidad de su extensión y sus espacios libres; además no existía la sobrepoblación actual. Una de las consecuencias más recientes de esta desventaja es el estancamiento de los tóxicos industriales y automovilísticos, así como la inversión térmica que se produce en los meses de invierno y la ausencia de lluvias en ese periodo; dichos factores hacen que los niveles de contaminación lleguen a ser altamente peligrosos.

En conclusión, podemos observar cómo un conjunto de fenómenos artificiales de naturaleza Yang hacen que el valle haya perdido su antigua configuración energética; la reducción cre-

[22] Recordemos que el Yin y el Yang describen fenómenos duales, y que la Tierra, a pesar de ser el campo energético Yin con más influencia sobre nosotros, también tiene su fuerza Yang, en este caso su núcleo: el magma, y sus canales Yang: los sistemas volcánicos.

ciente del lago, de las arboledas, y la ausencia de lluvias en los meses de invierno —fenómenos de naturaleza Yin—, provocan que se desequilibre la mezcla intensa pero tibia de energías Yang celeste y Yin terrestre, propiciando un paisaje de naturaleza Yang extrema, con grandes riesgos para la salud de sus habitantes.

## ***Paisajes energéticos extremos que presionan intensamente al organismo***

Existen cuatro grandes categorías de paisajes energéticos que se deben observar con atención, porque su influencia puede ser nociva para la salud de sus habitantes; son los paisajes donde la energía se dispersa, se estanca, se acelera y se enfría.

### *Paisajes donde la energía se dispersa*

Se trata de lugares que disipan la energía, no pueden darle una estructura que la estabilice y la contenga, y si bien pueden tener abundancia de energía Yang celeste y Yin terrestre, el medio la dispersa. Por ejemplo:

1. Los lugares demasiado llanos o pedregosos, sin relieve ni vegetación alta y densa —o ausencia de ésta—; un ejemplo son los desiertos y la sensación de dispersión que evocan. Los habitantes de estos paisajes deben compensar la dispersión con una extraordinaria concentración, un uso muy comedido de sus energías y un vínculo directo con las fuerzas energéticas del lugar, ya que éstas no encuentran soporte y estabilidad en el medio.
2. Los lugares expuestos al viento constante —y pedregosos—, los cuales requieren de gran fluidez, ya que es una energía climática que tiende a una creciente expansión y movimiento. El viento buscará penetrar en nuestro or-

ganismo a través de algunos puntos que los acupuntores llaman "ventanas del viento", con el fin de sumar el Yang corporal a su movimiento. Esta incursión podría debilitarnos, y por eso los practicantes de Tai Chi o Chi Kung recomiendan no realizar estos ejercicios en días ventosos; un caso concreto es el Cap de Creus, en la costa norte de Gerona, Cataluña, lugar sometido a un viento constante y muy intenso; —allí se puede sentir la dificultad para contener este influjo y se percibe una intensa sensación de soledad.

3. Los lugares sometidos a la influencia de una corriente de agua impetuosa, o donde hay venas de agua subterráneas, las cuales aportan un intenso Yin terrestre, que busca su contraparte Yang celeste; si el lugar no puede aportar esta complementariedad, tomará nuestro calor orgánico, dejándonos un exceso de Yin.
4. Los agujeros artificiales extensos como vertederos, minas, grandes carreteras, construcciones, etc., son heridas intensas que se le hacen a la Tierra y ésta pierde su vitalidad, dejando paisajes con un gran vacío energético.

### *Paisajes donde la energía se estanca*

Se trata de lugares donde la energía no puede fluir y se aquieta. Una imagen de esta situación de estancamiento es una habitación poco ventilada y con exceso de humedad, donde la energía no puede renovarse y se produce una desvitalización. Personas expuestas a lugares así pueden sentir una exagerada sensación de pesadez, somnolencia, confusión y deficiente circulación en las extremidades, entre otros síntomas, ya que su fuerza Yang queda bloqueada y mermada. Ejemplos de estos lugares son:

- Los relieves con forma de hondonadas muy pronunciadas: la energía no encuentra canales por donde fluir con vitalidad. El Yang celeste rebosará con facilidad, mientras que en la hondonada se estancará y no podrá mezclarse vitalmente con las emanaciones telúricas; la imagen que puede ayudarnos es la de un embudo con una salida demasiado angosta.

- Los lugares en los que percibimos fácilmente una humedad exagerada: lagunas estancadas o zonas que tienden a inundarse. En general, la humedad busca asociarse con el calor o el frío; una humedad caliente exagerada podrá provocar enfermedades respiratorias (procesos infecciosos con flemas y mucosidades amarillentas), enfermedades digestivas e intestinales o padecimientos circulatorios (inflamaciones severas) como las que se desarrollan en algunos lugares con climas tropicales; si la humedad se asocia al frío, como puede suceder en las costas nórdicas, esta energía climática presionará exageradamente el sistema óseo provocando artritis, artrosis y osteoporosis; también podría afectar la circulación con síntomas como pies y manos excesivamente frías y blanquecinas, edemas o retención de líquidos.
- Los lugares situados hacia el norte del globo, ya que la entrada masiva de la energía Yang celeste se da en el eje de diversos canales que viajan en el globo terrestre de sur a norte, y secundariamente de este a oeste. La energía Yang es más débil a medida que se acerca a las regiones nórdicas, Groenlandia y el Círculo Polar Ártico.

## *Paisajes donde la energía se acelera*

El aceleramiento es un movimiento Yang extremo que tiende a sobrecalentar la energía, exigiendo constantes procesos de intertransformación. Este calor acelerado climático extraerá el Yin orgánico de los habitantes para templarse; las personas que vivan en un paisaje de esta naturaleza pueden desarrollar síntomas en la región cefálica, padecimientos oculares, circulatorios y cardiacos, excitabilidad, intranquilidad e insomnio.

Los lugares con un paisaje rectilíneo propician este aceleramiento: una confluencia de aristas rocosas muy pronunciadas de montañas altas es un buen ejemplo de ello. Si observamos un paisaje urbano de cualquier ciudad moderna, comprenderemos por qué el estrés tiene un alcance tan extenso entre la población, debido al sobrecalentamiento Yang permanente del organismo. Las ciudades modernas son una gran conjunción de líneas rectas: calles y avenidas, trazados de metro, cables de todo tipo, aristas de altos edificios, etc., condición que se agrava por la presión automovilística, el ritmo de vida, los campos electromagnéticos, la pavimentación exhaustiva del suelo, etcétera.

### *Paisajes donde la energía se enfría*

En estos lugares, el frío y los inviernos alcanzan una presencia extrema, a veces con nieves permanentes o vientos. El frío potencia el Yin terrestre, como en los grandes lagos, en las costas o donde hay lluvias frecuentes; las personas están expuestas a que el frío debilite su Yang o calor orgánico, dejándolos con un exceso de Yin frío.

Resumiendo, en lo que se refiere a paisajes que dispersan, estancan, sobrecalientan o enfrían la energía, los señalamos como situaciones que afectan nuestra naturaleza energética obligándonos a interactuar con presiones climáticas y energéticas muy polarizadas. Recordemos que las personas que nacen en paisajes energéticos extremos están mejor dotadas para vivir bajo tales presiones, debido a la mezcla vital que recibieron del Cielo anterior y el propio lugar, como sucede con las poblaciones que habitan en los desiertos o las regiones nórdicas del globo.

También es posible adquirir una mayor fluidez del cuerpo energético y sus canales para relacionarse favorablemente con tales paisajes, a pesar de no haber nacido en ellos. De hecho, muchas personas interesadas en la exploración del cuerpo de energía visitan lugares de la naturaleza que poseen gran fuerza (montañas, cascadas, cuevas, desiertos, grandes bosques, etc.), buscando un impulso extraordinario en la percepción; incluso la humanidad en diversos periodos ha potenciado los influjos de lugares extremos realizando arquitectura energética a través de megalitos, menhires, pirámides u otras construcciones.

Por ser mezclas energéticas que forzarían un desequilibrio en la vitalidad de muchas personas, tendremos en cuenta estos cuatro grupos de paisajes; cualquier pequeño deterioro de la salud podría presentar una situación de riesgo que no lo sería en un paisaje energético más suave, templado y diverso.

## *Ejercicio: paisaje energético*

Antes de seguir leyendo, podría realizar esta pequeña integración: con los elementos que se han aportado acerca de la cosmovisión taoísta y los paisajes energéticos, imagine un entorno natural ideal para enclavar una población y reconozca ciudades y poblados que se encuentren en un paisaje armonizado. Una vez que tenga sus rasgos principales compárelos con los que señala el Feng Shui (siempre es mejor aprender descubriendo):

### *Un paisaje armonizado*

Lo más idóneo sería un valle, porque esta formación permite reunir gran diversidad de elementos energéticos: montañas, bosques, ríos, rocas, tierra...

#### Rasgos de naturaleza Yang

- Unas montañas altas, con insinuaciones triangulares —formas Yang—, aportarían al valle una buena canalización de Yang cósmico.

- En las laderas de las montañas Yang extremo, bosques frondosos y arboledas ayudarían a que la vitalidad Yang entrara en el valle templándose, ya que los árboles no permiten la aceleración —cuando un viento veloz llega a un bosque se aquieta, pierde intensidad, los árboles lo contienen—. Por otra parte, las raíces de los árboles propician el ascenso del Yin terrestre y la mezcla tibia de energía en el paisaje sin presionar a sus habitantes.
- El valle estaría abierto hacia el sur, o en cualquier disposición en el arco que va de sur a este. Recordemos que los canales Yang principales de la Tierra tienen flujos preferentes de sur a norte, y secundariamente de este a oeste. Con cualquiera de estas aberturas tendríamos un excelente aporte de Yang celeste, cosa que no sucedería si la abertura se orientara en el arco norte-oeste.

### Rasgos de naturaleza Yin

- Entre los relieves que formarían el valle habría montañas representativas de cada una de Las Cinco Transformaciones: al este las montañas rectangulares de Madera —el valle representaría el cuadrado de la Tierra—; al oeste montañas que sugirieran las formas circulares del Metal, y al norte una baja formación de montañas ondulantes con bosques pertenecientes al movimiento Agua. Las montañas de Fuego ya han sido contempladas en el apartado anterior.
- El relieve presentaría varias alturas para propiciar diversas tonalidades energéticas, y las construcciones estarían situadas en las laderas menos inclinadas, donde la energía no puede acelerarse por el efecto de taludes o fuertes desniveles.
- Un río serpenteante discurriría por el lugar aportando Yin telúrico, y las ondulaciones favorecerían un surgimiento templado de esta energía. No convendría que el río

tuviera un trazado rectilíneo, ya que aceleraría la energía y la arrastraría consigo.

- Finalmente, este paisaje contaría con una formación montañosa baja en el norte o una zona de bosques frondosos, para contener ligeramente el tránsito de la energía en su desplazamiento de sur a norte y protegerse de los vientos.

### *Ejercicio: mapa del paisaje local*

Ahora podría elaborar el mapa del lugar donde vive conforme a los conocimientos que ha obtenido hasta aquí. Éste es un ejercicio de integración y apreciación del paisaje energético de su localidad; así podrá ir familiarizándose con la aplicación de los conceptos del Feng Shui que permiten realizar mapas de energía observando las formas y relieves de los lugares.

## *Resumen*

Un paisaje energético consta de la interacción de diversos factores en un tiempo y espacio dado:

- Las influencias cósmicas en el momento de la concepción o Cielo anterior, donde el nuevo ser recibe su dotación particular de energía ancestral.
- Después de ser concebido y de nacer el nuevo ser aprenderá a usar e intercambiar la energía adquirida con la vitalidad cósmica en un lugar preciso; a esto se le conoce como Cielo posterior; ambos Cielos son los que dan una estructura original y única a cada cuerpo energético.
- Las seis energías climáticas, sus movimientos en las cuatro etapas estacionales y su relación global con un sinfín de acontecimientos, que en el Feng Shui están correlacionados en la teoría de Las Cinco Transformaciones.

- Los grandes canales energéticos terrestres.
- Las franjas energéticas artificiales, consecuencia de la actividad humana y la tecnología.
- Los paisajes de energía polarizada o armonizada resultante de la fusión de todos estos elementos harán que un lugar pueda favorecer la vida y determinadas actividades mejor que otro, o bien que se propicie la pérdida de la salud a través de diversas enfermedades conocidas como geopatías.

# 3. Las ciudades: paisajes artificiales y entornos energéticos

## Introducción

En este capítulo veremos las características con las que una ciudad moderna se configura como una nueva y poderosa influencia energética sobre sus edificaciones y habitantes, debido a la influencia industrial, tecnológica y arquitectónica.

En cierta forma una ciudad moderna crea un *paisaje energético artificial*, al modificar significativamente las influencias celestes y terrestres; también establece un sistema o red de centros y canales energéticos artificiales, cuya peculiaridad es el desarrollo de un paisaje Yang extremo, acelerado, hiperactivo, que generaliza el estrés, el debilitamiento del sistema inmunológico y la desconexión de los ciclos naturales. Las ciudades modernas presentan a sus habitantes un medio ambiente artificial muy similar independientemente del país donde uno resida.

También se desarrolla a lo largo del capítulo el concepto de *entorno energético*, entendido como la conjunción de fuerzas y energías naturales y artificiales que existen alrededor de una casa o edificación. Dentro del entorno energético se consideran las influencias cercanas de todo tipo que pueden aparecer en un perímetro aproximado de 250 metros: formas arquitectónicas preponderantes, barreras y accesos principales a las edificaciones, actividad exterior...

El entorno energético puede ser polarizado o equilibrado y moldeará el acceso de la energía adquirida hacia el interior de una casa o espacio dado.

## *Las ciudades modernas*

El desarrollo industrial y tecnológico que ha caracterizado a la sociedad occidental[23] nos ha llevado a un mundo que desplaza a su población del medio rural a las grandes ciudades. Las nuevas urbes han modificado la relación de la humanidad con la naturaleza.

A través de la concentración de personas, construcciones arquitectónicas y determinadas energías, las sociedades modernas se han desarrollado en paisajes energéticos y espacios psicológicos extremadamente Yang: sobrecalentados, acelerados, presionados por el tiempo, preponderantemente mentalistas, masculinos, individualistas y competitivos.

Estos paisajes artificiales se han superpuesto a los formados por la naturaleza. Podemos hablar de una *banda energética superficial* tan influyente que ha mediatizado la relación del lugar y sus habitantes con el Yin terrestre y el Yang celeste, y con los ciclos estacionales, solares y lunares.

Estas bandas o realidades energéticas modernas se desarrollan con un cierto parecido a las formaciones de vitalidad del cuerpo humano y de los grandes paisajes naturales: fuerzas organizadas en redes de canales y centros energéticos, aunque en este caso sus características son la artificialidad, la hiperactividad y la aceleración. Pero veamos más en detalle cómo se conforman:

### *Redes Yang extremas*

Canalizan energía y actividades con una disposición lineal. Recordemos que la línea recta provoca el aceleramiento de la energía y, en este sentido, tendremos una organización de canales Yang extremos,[24] como son:

[23] Hay que recordar que junto a la sociedad occidental mayoritaria coexisten (o sobreviven) otras culturas y etnias minoritarias.

[24] Es interesante comparar este abuso del orden lineal en las ciudades con nuestros orígenes: en la naturaleza, donde la línea recta tiene una pequeña expresión, integrándose en otros diseños con todo tipo de estructuras y formas.

- las autopistas y carreteras
- las avenidas y calles rectilíneas
- los trenes y metros
- los túneles
- las zonas comerciales
- las rutas aéreas
- las líneas eléctricas de alta tensión y redes secundarias
- los conductos de gas y combustibles
- los sistemas de comunicación por cable o por ondas
- las antenas emisoras y receptoras
- los receptores y terminales personalizadas de telecomunicación: teléfonos, fax, computadoras, televisores, radios...
- los aparatos electrodomésticos
- los edificios y rascacielos

Además, existe un conjunto de actividades y vivencias que en la actualidad se han sumado al uso frenético de estas redes energéticas Yang, como son:

- los flujos y actividades económicas
- el trabajo intelectual intenso
- la presión y aceleración en la percepción del tiempo
- la presión sonora

### *Canales Yin deficientes*

Son flujos y fenómenos energéticos que al ser sometidos al efecto lineal y la contaminación han desnaturalizado su relación con la Tierra, deslizándose hacia una condición más templada o Yang —tóxica en ocasiones—, tales como:

- la canalización de ríos naturales en su paso por las ciudades
- las conducciones de agua potable

- el alcantarillado que canaliza el agua de las lluvias
- la canalización y concentración de aguas negras y tóxicas
- la intensificación de las rutas marítimas
- la actividad en los grandes puertos de mar

Un conjunto de actividades Yin, que ayudaban a tener una percepción más global del cuerpo y el entorno, han sido influidas por comportamientos más Yang en las ciudades, por ejemplo:

- el detrimento del trabajo físico en favor del intelectual
- el arte
- la práctica de actividades y deportes al aire libre

La ciudad también ha contribuido a percibir una gran presión y contracción del espacio vital[25] a través de una concentrada arquitectura, debido principalmente a:

- la limitación con el espacio exterior, con la perspectiva del horizonte, el cielo, los paisajes naturales, etcétera.
- la reducción del espacio interior en las nuevas viviendas.

### *Centros energéticos artificiales perturbadores o desvitalizadores*

Son enclaves de una gran densidad y actividad energética preponderantemente Yang, que violentan nuestra naturaleza bioquímica y energética, alterando incluso las estructuras atómicas, moleculares y la información genética como lo han demostrado rigurosos estudios e investigaciones; estos centros perturbadores generan tóxicos, residuos y campos vibracionales de gran riesgo para la salud de los habitantes cercanos a:

[25] El espacio es una dimensión de la energía terrestre Yin; la contracción o concentración del espacio lo vuelve Yang.

- las centrales eléctricas, centros de distribución y transformadores
- las centrales y pruebas nucleares
- las centrales térmicas
- las centrales de combustión de basura
- los basureros y vertederos abiertos, subterráneos o marinos
- las industrias y tecnologías contaminantes del medio ambiente (químicas, automotrices, militares...)
- los aeropuertos
- los radares y centros de telecomunicación
- los grandes depósitos de gas y combustibles
- las minas subterráneas y a cielo abierto
- los grandes cementerios[26]

### *Contracción y merma de la fuerza Yin telúrica*

El aumento de la fuerza y actividad Yang extrema —por ejemplo, el efecto invernadero o la elevación de las temperaturas y la contaminación— se ha magnificado porque los campos energéticos Yin han sido reducidos o desnaturalizados con el desarrollo y crecimiento de las ciudades debido a los siguientes factores:

- la deforestación y la reducción de las zonas verdes como campos de cultivo, bosques, arboledas... por la propia extensión de la ciudad, la proliferación de incendios o la explotación por la industria maderera
- la reducción y contaminación de los mantos acuíferos subterráneos
- la contaminación de ríos, lagos y costas marinas
- las excavaciones para la ruptura de paisajes, cimentación de edificios y túneles

[26] Para el Feng Shui, un cementerio es una zona de dispersión energética, ya que la muerte significa la desestructuración de las agrupaciones y haces energéticos, y su retorno y difuminación en el universo. Los cementerios en la ciudades suelen ocupar una extensión considerable de terreno y, por tanto, crean un centro de dispersión de vitalidad.

- las estructuras Yang de las edificaciones: ligeras, altas y construidas con materiales sintéticos y aislantes
- la reducción y remodelación de los cascos antiguos y sus edificios
- la pavimentación excesiva en detrimento de las áreas de tierra, adoquines y empedrados
- la iluminación artificial excesiva, aniquilando el principio Yin de la noche: la oscuridad
- la limitación de la biodiversidad y los ecosistemas en las zonas urbanas y sus alrededores

Tendríamos que señalar también la peligrosidad de los experimentos de modificación del tiempo atmosférico con la inseminación de nubes para provocar lluvia, la supresión de rayos y la manipulación sobre los ciclos del agua. Esto podría tener incidencias globales sobre grandes campos energéticos que forzarían también la modificación a contranatura de los paisajes energéticos.

Ante esta creciente desproporción de fuerzas Yang sobre Yin, desde mediados de este siglo tan sólo existen algunos fenómenos compensatorios, esencialmente climáticos, como lluvias intensas, frío invernal o corrientes marinas en ciudades costeras.

## *Consecuencias de vivir en un medio ambiente Yang extremo*

Si bien el paisaje energético natural sigue teniendo influencia sobre los habitantes, la limitada relación con la Tierra y los árboles, la pérdida de la influencia solar o lunar, la ausencia de silencio, la dificultad para contemplar los astros o la noche, la frontera arquitectónica frente a la apreciación del horizonte, el amanecer o el atardecer, nos han separado de la relación sensible y ancestral con la naturaleza —ahora tan solo una fuente de recursos económicos.

El desarrollo moderno Yang polarizado, está modificando el medio ambiente —como han señalado científicos y ambientalistas— y es muy probable que ocurra una transición energética y climática que podría extenderse con efectos extremos como el aumento global de las temperaturas y el nivel del mar, la pérdida de hielo glaciar, inundaciones o la expansión de los desiertos.

Este alejamiento de lo natural y la proyección unipolar Yang hacia el mundo han propiciado espacios psicológicos más conflictivos: individualismo egoísta, férrea competencia, agresividad, rutinas, rigidez, prisa, mentalismo extremo y confuso, etcétera.

El ambiente Yang extremo ha provocado una disonancia con las pautas espontáneas del cuerpo, forzándolo constantemente a usar la energía defensiva para adaptarse y reequilibrarse. Con esta labor de adaptabilidad, el organismo pierde fuerza vital y se sobrecalienta provocando la aparición del estrés crónico, consecuencia de vivir el medio energético y psicológico como una constante y exagerada fuente de agresión.

Sin embargo, este nuevo medio Yang también nos ha situado en un mundo que interactúa, que extiende redes de información por todo el planeta, en el cual personas procedentes de múltiples países visitan o viven en nuevos lugares, creando *otro mundo* abocado a contemplar realidades y espacios multi e interculturales, que podrían modificar y enriquecer nuestro conocimiento acerca de la realidad y de nosotros mismos.

Grandes movimientos polarizados y de naturaleza extrema como los que estamos contemplando, tanto pueden dirigirse hacia la confrontación como a la complementariedad: cuando el Yang llega a su máxima expresión germina un nuevo desplazamiento energético de signo complementario Yin. O quizás esa complementación debe buscarse en el interior de las personas, viéndonos empujados hacia la necesidad de usar, explorar y administrar nuestra naturaleza Yin para poder vivir con plenitud en estos nuevos paisajes artificiales.[27]

[27] Por naturaleza Yin nos referimos a un amplio espectro de experiencias que comprende una mayor conciencia corporal y energética, una comprensión más global de los acontecimientos, una apertura a la introspección, la sensibilidad, la ecología, etcétera.

## *Entornos energéticos*

Un *entorno* comprenderá el conjunto de circunstancias energéticas señaladas como paisajes naturales y artificiales, que pueden influir sobre cualquier edificación —como nuestra vivienda o lugar de trabajo— en un radio aproximado de 250 metros. La principal diferencia entre *entorno* y *paisaje* es que el primero da un enfoque mucho más cercano a los habitantes, construcciones concretas y actividades en un determinado lugar. Es importante establecer esta diferencia porque podríamos percibir un gran paisaje como equilibrado, y a su vez encontrar en él entornos perturbados, como viviendas cercanas a un basurero, a una gran avenida rectilínea muy transitada o a un aeropuerto. Hablamos de un entorno de 250 metros como pauta general, aunque siempre pueden existir perturbaciones energéticas de mayor alcance como sería el caso de una central nuclear, una mina abierta u otras.

Para definir un entorno energético observaremos en la periferia de una edificación:

- Los grandes canales, zonas y centros de energía Yin o Yang, sean estos naturales o artificiales.
- Las formas arquitectónicas, que ofrecen un soporte para estabilizar la energía bajo diversas condiciones Yin, Yang o templadas.

### *Canales energéticos artificiales*

En un enfoque de entorno consideraremos que son canales Yang las avenidas, las carreteras, las calles y los cables eléctricos:

- Si su trazado es lineal, su naturaleza será Yang extrema o Fuego-verano.
- Si su trazado es curvo o sinuoso, el Yang será templado o Madera-primavera.

Por flujos y zonas Yin naturales nos referiremos a ríos, nieve o lluvias frecuentes, parques con bosques frondosos, costas, jardines y zonas de tierra abierta. Como Yin artificiales consideraremos los ríos canalizados, las conducciones de agua, los drenajes, los depósitos de agua, etc., que al someterse a una disposición lineal adquieren una cualidad Yin templada, tendente a acelerarse.

Según las formas y situaciones los canales artificiales pueden crear entornos polarizados o equilibrados. Algunos ejemplos son:

1. Las carreteras, calles y avenidas que tienen un trazado sinuoso o serpenteante son canales de energía templada, ya que sus flujos no podrán alcanzar una aceleración excesiva.

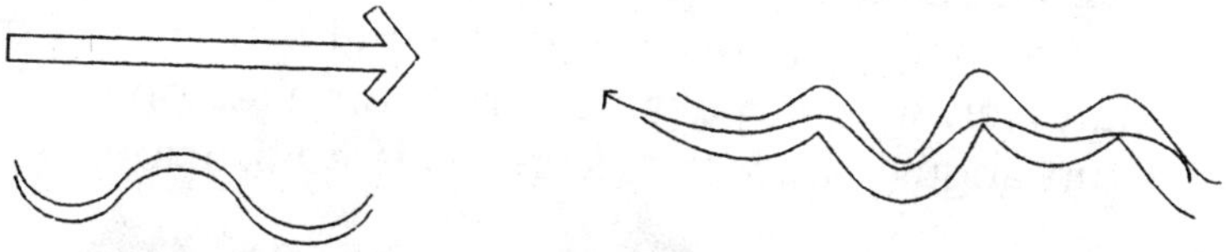

2. Cuando la edificación se encuentra en el interior de la curva mantiene su carácter suave o templado, pero si se encuentra en el exterior habrá perturbación ya que su fuerza Yin y, en general, la energía de la vivienda será arrastrada por el canal.

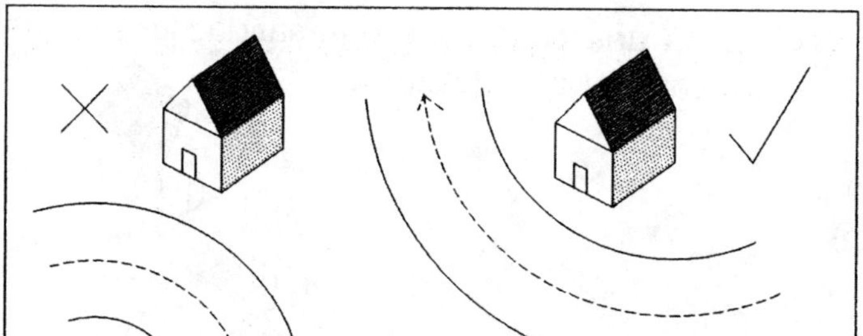

3. Algo parecido sucede cuando la edificación se encuentra en dirección oblicua o paralela en relación al sentido del canal: se desvitalizará.

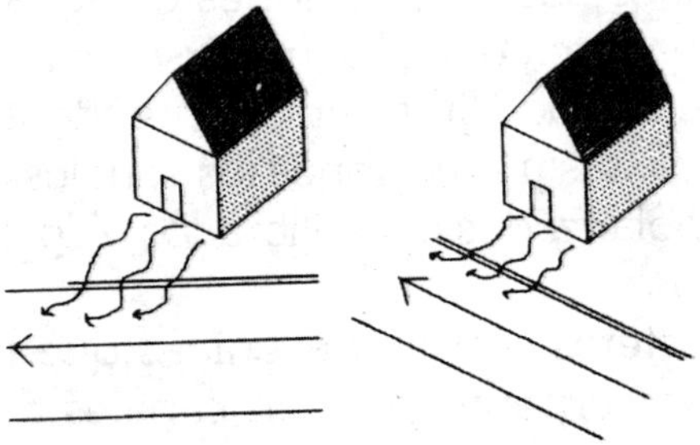

4. En cambio, los entornos y edificaciones pueden estar sometidos a impactos energéticos excesivos cuando encaran oblicuamente o de frente el sentido del canal, o también, cuando alguna forma arquitectónica dirige algún ángulo pronunciado hacia la edificación.

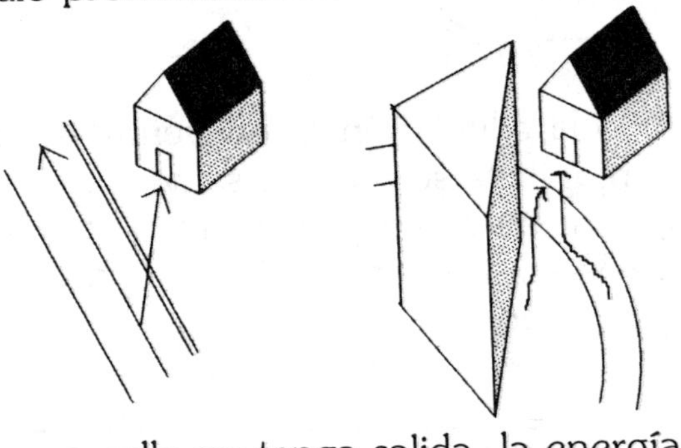

5. Cuando una calle no tenga salida, la energía tenderá a estancarse y desvitalizarse.

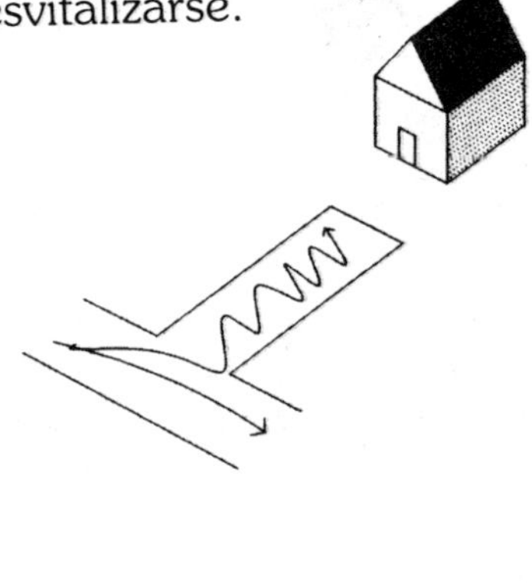

En los capítulos siguientes dedicados al diagnóstico y a los elementos reguladores encontrará algunas soluciones para estas alteraciones del entorno energético. Por el momento será suficiente con reconocer cuando un entorno presenta alguna disfunción o carencia significativa.

## *Las formas principales*

### *El cuadrado terrestre y el círculo celeste*

El cuadrado es la estructura energética más estable; su naturaleza Yin templada está relacionada con la Tierra. Esta forma atrae y templa la energía Yang celeste y todas las manifestaciones energéticas de signo Yang.

Las energías celestes están relacionadas con el círculo, la esfera, la cúpula y la bóveda, estructuras más dinámicas pero menos estables.

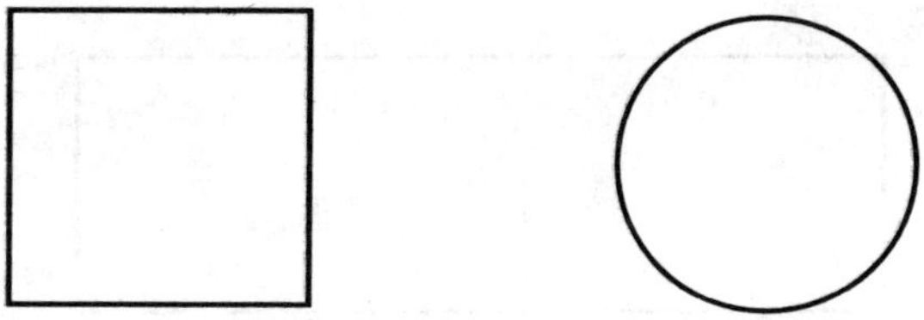

De la interacción entre cuadrado y círculo surge la estructura espiral de la energía, una formación que permite la coexistencia de un equilibrio dinámico y estable en la Tierra, y un movimiento creador que se enlaza con una gran tendencia del universo a redefinirse y trascenderse. El cuadrado da estructura a la energía y, sin embargo no la somete al estancamiento y la rigidez. Los entornos energéticos y las edificaciones cuadrangulares tendrán una fusión energética más suave, lo cual es una ventaja en una ciudad cuyo medio ambiente es polarizadamente

Yang. Además, esta estructura cuadrado-círculo-espiral estimula tanto nuestra naturaleza física relacionada con la forma y la Tierra como nuestra faceta sutil relacionada con la energía y el cosmos.[28]

La forma octagonal es una duplicación del signo Yin: Tierra sobre Tierra, lo cual puede ser interesante para entornos con una presión ambiental Yang excesiva.

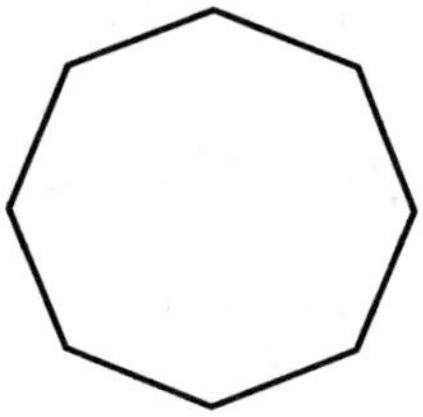

EL RECTÁNGULO también es una buena estructura para una edificación; se relaciona con el movimiento Madera cuya cualidad energética puede sentirse en primavera y se define como Yang suave. Hay que evitar que el rectángulo sea muy estrecho o rectilíneo, ya que se aceleraría la energía.

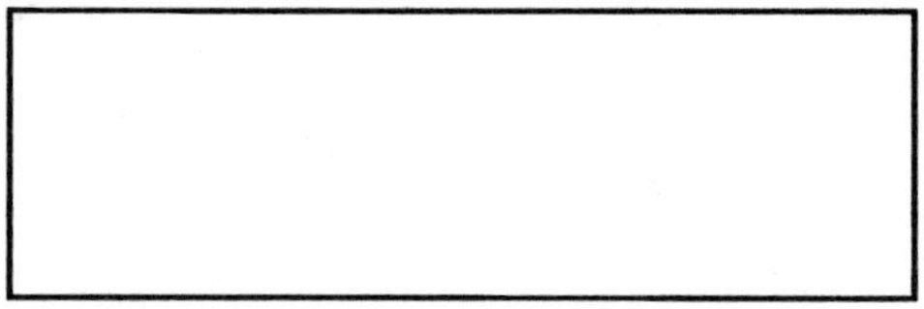

EL TRIÁNGULO es una forma de naturaleza Fuego o Yang extremo; atrae la energía celeste más dinámica, la sobrecalienta y acelera. Exige gran fluidez y constantes transformaciones, tal como sucede con el fuego. En esta estructura, las fuerzas ambientales adquieren un movimiento lineal y de confrontación, impactando al organismo.

[28] Es interesante recordar que la espiral es la estructura organizativa del ADN y otras formaciones moleculares de importancia capital en la vida.

Si el triángulo forma una estructura piramidal —algunas culturas antiguas usaron esta forma para canalizar energía del cosmos y conseguir estados acrecentados de conciencia— creará un medio Yang extremo. El uso descuidado de dicha estructura en un medio Yang extremo como la ciudad, crearía una condición Yang Fuego obligándonos a interactuar o consumiendo nuestra fuerza Yin.

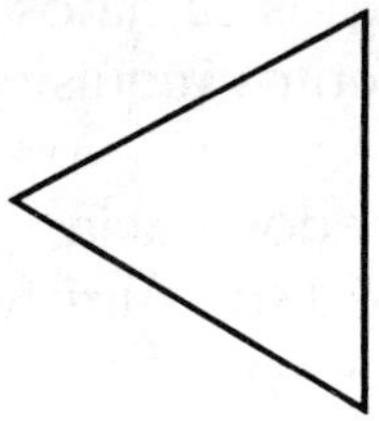

EL HEXÁGONO es la forma que simboliza la duplicación de la cualidad Fuego o Yang extremo; el triángulo, la pirámide y el hexágono son estructuras de condición Yang, que pueden ser utilizadas con mucha precaución y por periodos limitados, sobre todo en personas cuyo principio Yang se ha debilitado y necesitan acrecentarlo.

FORMAS IRREGULARES, no es recomendable que la forma exterior de un terreno, manzana o edificación sea irregular, en forma de L, T, H, U o en cuña. Cualquiera de estas formas rompe el movimiento suave y circular de la energía, polarizando su naturaleza Yang y exigiendo una gran plasticidad del cuerpo energético que permita una interacción sin pérdida de nuestra faceta Yin.

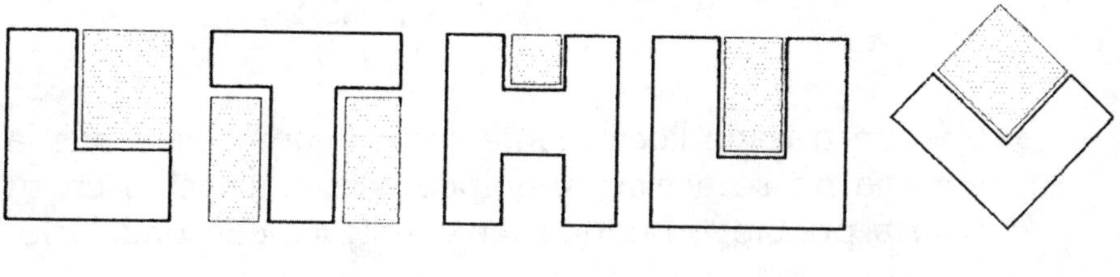

## *Los canales energéticos de los entornos*

Los caminos y puertas son los canales que transportan la energía ambiental presente en un entorno hacia el interior de las edificaciones; los caminos atraviesan zonas de jardín o pavimentación y las puertas dejan entrar la energía adquirida al interior de una vivienda o espacio.

Según el Feng Shui, los caminos y puertas de acceso equilibrados reúnen los siguientes requisitos y deben ser:

1. Amplios y orientados hacia los grandes canales terrestres de energía —al sur, sureste o este—, para garantizar un buen aporte de vitalidad.

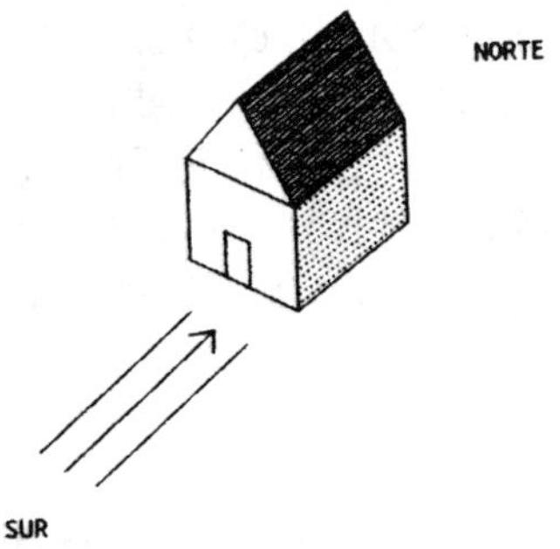


2. Construidos con materiales porosos o derivados de la tierra —arcilla, piedra, arena, madera, etc.— para añadir fuerza telúrica a su flujo.

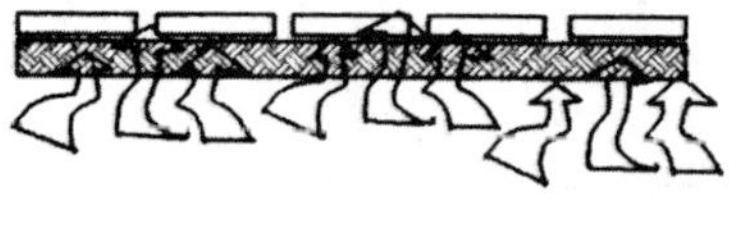

3. Con un trazado ligeramente serpenteante, para que la energía no se acelere y golpee a la edificación en su puerta principal; podrían tener relieves con ondulacio-

nes ligeras y pequeños arbustos o plantas que ayudarían a suavizar el flujo energético.

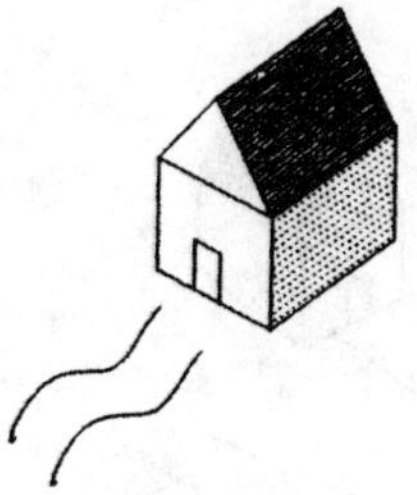

4. Proporcionados al ancho de la puerta principal, que debe ser amplia; si el camino es más angosto estrangularía el aporte de vitalidad, y si es más ancho la dispersaría.

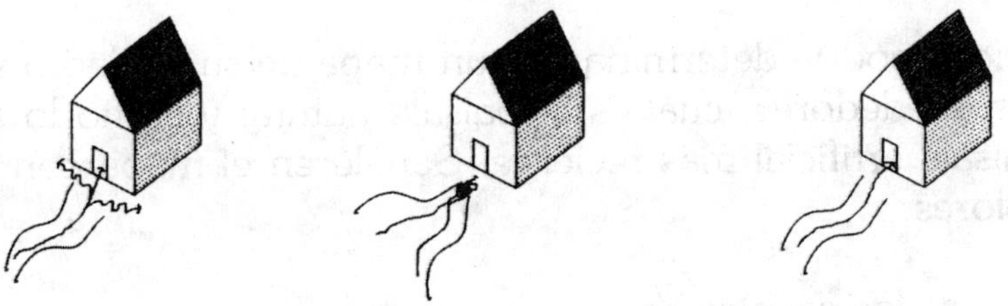

5. Sin obstáculos que estorben el flujo energético, tales como árboles, estatuas, rocas, fuentes o muros; lo ideal es que exista un contacto visual entre la puerta de acceso a la edificación y la puerta exterior del recinto en caso de que la haya.

6. Una fuente, una estatua o cualquier otro elemento decorativo podrían contemplarse siempre que estemos hablando de una gran extensión de paisaje frente a la puerta de la edificación.

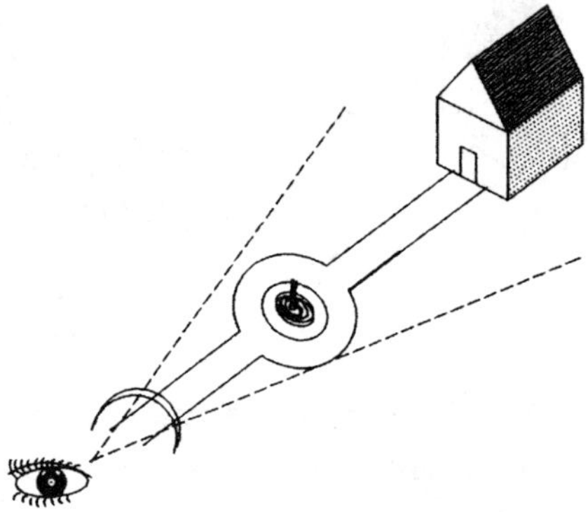

## *Ejercicio: grandes canales y entornos*

Ahora podría determinar en un mapa de su ciudad o pueblo y sus alrededores, cuál es el paisaje natural y cómo lo afecta el paisaje artificial más reciente. Señale en el mapa con diversos colores:

- los canales Yang
- las fuerzas Yin
- los centros desvitalizadores

También observe el entorno energético de su vivienda o lugar de trabajo, y plásmelo en el mapa usando nuevos colores. Identifique:

- las líneas rectas: calles, avenidas, cables eléctricos, etcétera
- las formas que predominen en las edificaciones colindantes
- la forma del recinto y la edificación de su vivienda, sus caminos y
- puertas de acceso.

Finalmente, puede aventurar un diagnóstico global acerca de la configuración energética de su ciudad y entorno:

- Yin extremo
- Yin suave
- Templado
- Yang suave
- Yang extremo

Recuerde que es importante la observación y la percepción de todos los elementos y no sólo la resolución teórica y conceptual de esta apreciación diagnóstica.

# 4. La vivienda equilibrada y saludable

## *Introducción*

En este capítulo profundizaremos en el concepto de *ambiente energético*, entendiéndolo como el conjunto de las tonalidades específicas que alcanza la energía en el interior de los espacios de una casa o una edificación.

Cuando nos referimos a los ambientes energéticos pensamos en la tonalidad que la energía alcanza por ejemplo en la sala de estar, el comedor o el dormitorio. Si nos referimos a un comercio, pensaremos en la sala de exhibición, el almacén o los baños. Si es un restaurante, en la sala comedor, la recepción, la cocina y el área de limpieza. De esta manera podemos delimitar los distintos ambientes de cualquier espacio.

Los ambientes energéticos de una casa pueden influir en la vitalidad de sus ocupantes. Un ambiente desvitalizado o polarizado podría determinar la aparición o el agravamiento de enfermedades y padecimientos.

Además, bajo ciertas circunstancias, nuestros comportamientos, estados emocionales, vitalidad, posesiones materiales, etc., también moldean una vivienda y sus ambientes, haciendo de ésta un espejo de nuestro mundo interno. De hecho, es en los ambientes energéticos de una vivienda o un lugar de trabajo donde el Feng Shui podrá propiciar cambios, y quizá también en algunos elementos del entorno energético, ya que es mucho más difícil intervenir sobre grandes paisajes.

Tanto si el ambiente predomina y nos moldea como si nosotros lo creamos a través de una determinada intención, podemos darnos cuenta de qué interacción energética se está dando y modificarla, potenciando o limitando así comportamientos, estados anímicos y vitales.

## *La vivienda y sus funciones*

Desde tiempos remotos la humanidad desarrolló la capacidad de crear formas y estructuras artificiales —englobadas bajo el concepto de Arquitectura—, como una manera de protegerse de influjos naturales que eran vividos como agresiones: cambios climáticos, acoso de animales salvajes e incluso el ataque de otras personas. Construcciones y refugios naturales como cavidades o grutas servían para regular fenómenos como la temperatura ambiental y corporal, la luz, el almacenamiento de alimentos, el descanso y la actividad, debilitando así la sensación de acoso y adversidad del medio, y propiciando una sensación de control y tranquilidad.

Después se usaron las fronteras naturales como formaciones montañosas o grandes ríos para definir los espacios humanos y conformar sentimientos de pertenencia a un lugar y a un grupo. Luego, las divisiones políticas establecieron nuevos espacios con criterios más allá del relieve y el paisaje: primordialmente económicos, sociales, estratégico-políticos, de fuerza y militares. De ahí que las viviendas modernas, además de la influencia de los paisajes y entornos energéticos, están determinadas por el medio social y cultural que también mediatiza su relación con el lugar y sus habitantes.

En cierto modo, en la actualidad la vivienda sigue cumpliendo funciones como:

1. Medio regulador de los influjos naturales tales como los cambios climáticos o los ciclos noche-día.
2. Sistema defensivo ante las posibles agresiones externas.
3. Factor de estabilidad psicológica: afirma la identidad de sus habitantes, define un espacio personal y proporciona condiciones para la recreación, el descanso, etcétera.

## *Energías esenciales, reguladoras y bioconstructivas*

La vivienda participa de las principales agrupaciones energéticas del universo, y puede encontrarse un paralelismo entre ésta y el cuerpo humano: la adecuada fusión y estructuración de las energías protectoras, adquiridas y ancestrales es lo que hará una casa armoniosa, influyendo favorablemente en sus habitantes a través de los canales y centros energéticos corporales.

### *Sistemas armonizadores del entorno: las vallas o muros exteriores y los jardines*

Los sistemas armonizadores pueden ayudar a moldear y transmutar las agresiones de un medio ambiente polarizado. Por ejemplo, si hay espacio entre la edificación y el exterior, sería muy saludable recrear un jardín con una amplia superficie de tierra, caminos ligeramente sinuosos hechos de piedras o loza de barro, árboles y plantas, y un pequeño estanque con peces en un lugar adecuado, todo ello para potenciar la fuerza Yin y aquietar la energía Yang. Un entorno así facilitaría la vinculación con los ciclos naturales, equilibraría la fuerza Yang extrema de la ciudad, y ayudaría a sostener la biodiversidad en un medio hostil.

En ocasiones se suprimen los espacios para jardines en aras de una supuesta protección, utilizando sofisticados sistemas de vigilancia, construyendo altos muros, o pavimentando los espacios de tierra. Esto debilita la vitalidad de la edificación en general; un entorno así fuerza una contracción energética, provocando la rigidez y el aislamiento de sus habitantes, afectando la energía protectora de los mismos; recordemos que dicha energía no solo regula la integridad del organismo, sino que además nos otorga una protección natural que nos hace reaccionar espontánea y adecuadamente ante cualquier agresión física o psicológica.

Los muros y vallas, si bien deben cumplir diversas funciones —entre ellas la de protección— han de tener un diseño que propicie la armonización del entorno, pues de ello dependerá también el aporte de vitalidad al interior de la casa. Es importante usar materiales adecuados a cada situación: los setos, los árboles y jardines, junto con materiales terrestres como la piedra o el hierro forjado pueden ser excelentes para delimitar y regular un lugar sometido a presiones acústicas, velocidad, calles rectilíneas o formas arquitectónicas agresivas.

## *Conexiones energéticas entre vivienda y organismo*

En este momento podemos realizar un peculiar ensamble de conceptos y realidades energéticas entre cosmos, arquitectura y organismo. La vivienda aprovecha, al igual que nosotros, los principales tipos de energías esenciales para crear un ambiente específico: la ancestral, adquirida, defensiva y Shen.

LA ENERGÍA ANCESTRAL, en las personas esta energía se sitúa en la parte más densa y profunda del cuerpo energético, es responsable de la formación y desarrollo del sistema óseo y nervioso; en una edificación esta energía corresponde a su conexión terrestre: la extensión que ocupa, y a la naturaleza de los haces energético-telúricos, los minerales, la textura de la tierra, las venas de agua subterránea y las fallas o rupturas terrestres, el magnetismo y los flujos energéticos en general.[29]

La energía ancestral es la formación que sostendrá los muros principales de la edificación, los pilares y las vigas, es decir, todo lo que se refiere a la estructura, así como en el cuerpo forma y revitaliza el sistema óseo.

Esta energía es la expresión más profunda de la energía Yin terrestre en todos los sentidos. Su tendencia natural es buscar la fusión con el Yang celeste; en una edificación, este encuentro se establecerá por medio de los cimientos, los muros y pilares estructurales, y a través de los jardines y árboles en el

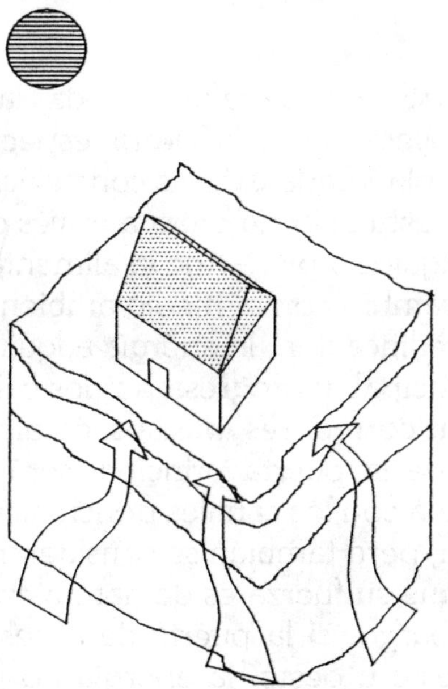

**energía ancestral**

[29] Los geobiólogos señalan como influencias telúricas un complejo sistema de líneas de fuerza terrestres, que aunadas a diversas alteraciones geofísicas pueden tener influencia sobre la salud de los habitantes. Estas líneas tienen trazados de sur a norte y de este a oeste, y son conocidas por el nombre de sus descubridores: Hartman, Peyré, L. Romani, W. Kunnear; también existe por lo menos una retícula con trazado diagonal —NE.SO y SE.NO— corroboradas por Curry.

exterior. La afinidad de los materiales con la tierra, como el barro, la piedra y la madera —sin procesamientos que provoquen alteraciones en su naturaleza—, ayudarán a formar adecuadamente las redes y canales ascendentes de la fuerza Yin del ambiente.

Si el asentamiento de la construcción es cuadrangular, favorecerá la conexión con la fuerza terrestre, ayudando a las funciones orgánicas, bioquímicas y energéticas que precisan de formaciones y estructuras dinámicas, y aportará estabilidad emocional y psicológica a sus habitantes. La naturaleza de la Tierra es femenina; un vínculo claro con el Yin terrestre estimularía la intuición, la sensibilidad y la apreciación global de los procesos internos de los habitantes.

LA ENERGÍA ADQUIRIDA se refiere a todas las rutas energéticas que la galaxia proyecta sobre la Tierra, específicamente la influencia solar y lunar, planetaria y de las constelaciones principales. En el ser humano, esta energía entra a través de la respiración —pulmones, bronquios y piel—, de la alimentación y de otros procesos de intercambio con el medio ambiente.

En una edificación, la energía adquirida penetra a través de la puerta principal, y progresa por los canales que se establecen en su interior: corredores, pasillos, escaleras y puertas. La mejor orientación de la puerta principal será al sur, puesto que así estará alineada con los canales principales que aportarán la energía adquirida, pero también se consideran favorables el sureste y el este, aunque su fuerza es de naturaleza Yang templada.

Sin embargo, si la puerta de acceso está situada hacia el norte, noroeste u oeste, la energía no penetrará y la vivienda tendrá un tono de vitalidad insuficiente. Esta carencia será compensada sólo parcialmente al abrir con frecuencia las ventanas con orientación sur. La mezcla de Yang celeste y Yin terrestre genera una banda de energía que en algunos parajes naturales puede llegar a inundar todo nuestro cuerpo, pero en las ciudades esta fusión se encuentra perturbada y su vitalidad es más escasa; esta energía no puede entrar por la ventana y si lo hace no es en la cantidad suficiente como para corregir tal carencia, aunque de cualquier manera recibiremos el beneficio de la luz solar y la oxigenación de los ambientes.[30]

La energía adquirida circulará en el interior de la vivienda siempre que los canales internos tengan un buen trazado, no presenten estancamientos, estrecheces o se encuentren obstaculizados. Esta red de canales principales es la que establecerá la relación entre los diversos ambientes de la casa con los órganos y sistemas de nuestro cuerpo, favoreciendo o perjudicando su equilibrio y dinamismo.

Los canales interiores —corredores, pasillos, escaleras y puertas— son el árbol respiratorio de la casa; las paredes, ventanas y el techo son la epidermis. Si los materiales son porosos, permitirán un sutil intercambio de energías, y podremos decir que la piel de la casa está respirando. En las edificaciones modernas, muchos materiales aíslan la circulación e impiden la respiración y la renovación interior de los ambientes energéticos. El uso masivo de hormigón armado o concreto, materiales sintéticos y derivados plásticos, cristales, etc., crean situaciones de aislamiento, y los habitantes pueden desarrollar problemas respiratorios, infecciones cutáneas, irritabilidad o depresiones.

energía adquirida

La energía adquirida de una edificación tendrá mucho qué ver con su entorno más cercano: si hay parques y arboledas extensas, ríos o lagos ésta será muy abundante. Si por el contrario hay perturbaciones y contaminantes, la energía adquirida será insuficiente y poco vital.

[30] Antiguamente y en zonas rurales de climas templados, la puertas principales permanecían abiertas durante el día favoreciendo la energetización de la vivienda.

LA ENERGÍA PROTECTORA es la energía más volátil y rápida que circula en nuestro cuerpo, la que favorece todos los procesos de adaptación tanto físicos como psicológicos. Se puede aproximar a lo que conocemos como sistema inmunológico.

La energía protectora se crea a partir de sustratos de la energía ancestral y adquirida, por lo que si estas dos columnas energéticas esenciales son insuficientes o están perturbadas la energía protectora también mermará, y con ello la fluidez y la adaptabilidad de todo el organismo.[31]

En una edificación esta energía circulará por una red capilar energética a través de los muros exteriores e interiores, el techo, el suelo y los conductos internos de la vivienda. Favorecerá la mezcla de energías interiores, movilizará las tendencias al estancamiento, y renovará la frescura y vitalidad del aire. La porosidad y permeabilidad de los materiales son indispensables para que la energía protectora pueda desplegar su función.

energía protectora

Si en una casa se siente la presión ambiental —frío o calor extremo, agitación, sonidos intensos, aire viciado, etc.— deduciremos una debilidad defensiva provocada por alguno de los siguientes factores:

1. Insuficiencia de energía ancestral en una estructura inconexa con la fuerza terrestre.
2. Presencia extrema de Yin terrestre.
3. Aporte insuficiente de energía adquirida por una mala orientación de la puerta principal, insuficiente porosidad

[31] Aquí estamos ante un fenómeno diferente al estrés: un sobrecalentamiento de las formaciones energéticas debido a una constante actividad de la energía defensiva en un medio ambiente extremo y polarizado; en este otro caso no se puede movilizar la energía defensiva ya que las dos grandes agrupaciones energéticas esenciales se encuentran en estado de insuficiencia.

de los materiales o bloqueos internos de los flujos energéticos en los pasillos y puertas.

Las energías esenciales se vitalizan por medio de un buen encuentro con la fuerza celeste, que en una edificación se conduce por los techos y tejados. Las formas de tejado más favorables son:

1. *De una y dos hojas*, con una caída no muy pronunciada, ya que se aceleraría la recepción de energía celeste.
2. *Plana.*
3. *En bóveda o cúpula.*

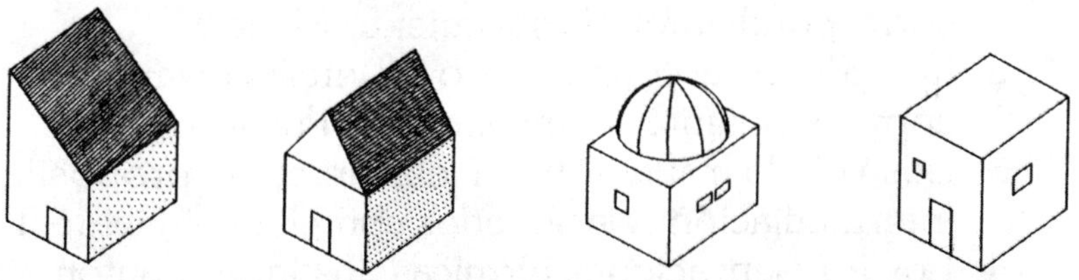

4. Formas que faciliten el estancamiento se consideran desfavorables, ya que impiden el encuentro del Yang celeste con el Yin terrestre que asciende por la estructura y el entorno: es el caso de las cúpulas y triángulos invertidos, los canales, las sierras (formas típicas de las industrias), las caídas muy pronunciadas o la concentración de formas irregulares.

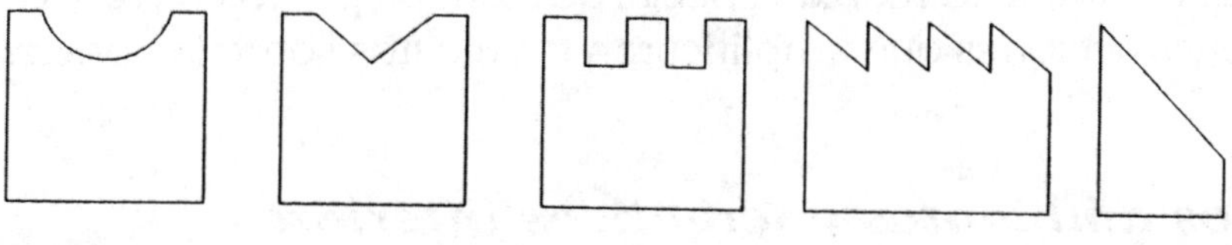

LA ENERGÍA SHEN O ESPÍRITU es la que da acceso a la conciencia global o Tao. Surge del despliegue paulatino y ordenado de los sustratos de energía ancestral, la que contiene la información primigenia del universo. En una vivienda, la energía Shen está representada por sus moradores y la intensidad de su quehacer cotidiano, sus transformaciones y realización constante. Esta energía se establece en torno al corazón y se expresa a través de los ojos: un brillo especial y profundo revela la magnitud de su fuerza.

Los médicos taoístas identificaban cinco aspectos de la energía Shen que corresponden a cada fase de Las Cinco Transformaciones:

1. Los *Huen:* conjunto de esquemas dados por la herencia, correspondientes al movimiento Madera.
2. Los *Shen:* la conciencia o la inteligencia del corazón, correspondientes al movimiento Fuego.
3. Los *Yi:* la reflexión, el discurso, el propósito y la intermediación relacionados con el movimiento Tierra.
4. Los *Po*: sensaciones térmicas, instintos y automatismos pertenecientes al movimiento Metal.
5. Los *Chic:* la voluntad, la dirección y el impulso para dirigirse a un objetivo, correspondientes al movimiento Agua

Si bien en una vivienda la energía Shen es aportada por sus moradores, existen lugares naturales con un alto nivel energético, que pueden favorecer el despliegue de la energía ancestral y su expresión en una conciencia mayor o Shen. También, a lo largo de la historia, se han desarrollado arquitecturas interesadas en unir esta fuerza especial de algunos puntos terrestres con construcciones que amplificaran los efectos sobre la conciencia.

## *Los ambientes energéticos interiores*

Por ambiente energético entendemos la tonalidad que la energía alcanza en las distintas áreas de una edificación —ya sea una oficina, un comercio o una vivienda—, favoreciendo o entorpeciendo el desempeño de las actividades propias de cada uno de los espacios que las conforman. Un ambiente armonizado se crea con la presencia de todas las facetas de las energías esenciales, una correcta ventilación e iluminación, la instalación eléctrica, una adecuada elección de los colores, las plantas, los ornamentos y el mobiliario, una sana interacción entre los habitantes, etcétera.

Los ambientes interiores se clasifican en dos grandes áreas:

1. La solar, de naturaleza Yang, donde se realizan actividades ligadas al día y a la movilización de la energía activa y luminosa.
2. La lunar, de naturaleza Yin, donde se realizan las actividades relacionadas con la noche, la quietud y la introspección.

### *Los ambientes Yang: interacción, transformación e intercambio*

Los principales ambientes Yang de una vivienda son:

- el recibidor o vestíbulo
- la sala de estar
- la cocina
- el comedor
- el cuarto de baño

EL RECIBIDOR O VESTÍBULO es un lugar de regulación, tránsito del entorno exterior a los ambientes internos y bienvenida, donde los ocupantes e invitados obtienen la primera impresión de la casa.

El recibidor debe ser amplio e iluminado, y puede tener plantas para acentuar su función reguladora; una buena orientación de la puerta canalizará sin dificultad la energía adquirida del entorno.

Algunos objetos decorativos o artísticos que contengan los cinco colores estacionales actuarían como elementos reguladores de este espacio, conteniendo las energías durante el transcurso climático y estacional.

Un mobiliario sencillo y funcional de naturaleza Yang servirá para dejar la ropa y los objetos que se utilizan en el exterior y encontrar lo necesario para adentrarse cómodamente en el interior de la vivienda. No es conveniente un mobiliario grande y pesado, porque obstruiría el flujo energético en la entrada: el recibidor debe ser tan sólo un lugar agradable de tránsito.

Si el recibidor es angosto, oscuro o pequeño actuará como embudo, causando una estrangulación del flujo donde debería encontrar fluidez y facilidad.

La puerta principal y el recibidor son como la boca y la nariz del cuerpo humano en lo que se refiere a la respiración de la vivienda, y son parte del rostro que el visitante aprecia cuando llega por primera vez.

LA SALA DE ESTAR de una vivienda necesita un ambiente Yang pequeño o suave, como el calor fresco que se puede respirar en la primavera o el amanecer. Para recibir un buen aporte de energía, la sala debe estar cerca de la puerta principal. El mobiliario debe ser de tamaño proporcionado al espacio, para que se perciba una sensación de amplitud y fluidez.

La sala de estar se relaciona con el movimiento Madera,[32] con la primavera, el color verde, el este y el reino vegetal; su imagen es el viento que eleva y extiende la energía. Equivale al hígado y la vesícula biliar, los músculos y los tendones, así como a la visión. En

[32] Entre las correlaciones establecidas en Las Cinco Transformaciones se incluyen los principales ambientes y actividades, establecidas con base en la afinidad energética.

la conducta y el psiquismo se expresa a través de la tenacidad, con sus grandes movimientos e impulsos energéticos.

Una disarmonía en el movimiento Madera puede reconocerse cuando una persona:

- es colérica e irritable
- no tiene fuerza para abordar nuevos ciclos y cambios
- tiene padecimientos musculares, problemas en la visión, malestares en los costados, rigidez en el cuello, hemicráneas
- mejora o empeora notablemente en primavera
- le atrae o aborrece el color verde

Si los habitantes de una vivienda presentan algunos de estos síntomas, podría haber deficiencia o exceso de energía Madera en la sala de estar, que afectará los canales orgánicos de hígado y vesícula biliar de sus habitantes.

LA COCINA Y EL COMEDOR son ambientes de naturaleza Yang abundante para facilitar la transformación y asimilación de los alimentos. En relación al organismo representan la función digestiva, los procesos bioquímicos y energéticos formadores de la vitalidad, así como el control y la estabilidad en las acciones y pensamientos.

Estos ambientes pertenecen al movimiento Tierra, el cual coordina la función reguladora de los tránsitos estacionales, los cambios y los ciclos; por eso se le asocia con el centro —"estar centrado"—, la fluidez, la flexibilidad y la madurez —"tener el control"—. Su imagen es la humedad fresca que da vida al reino vegetal y su energía es estabilizadora, creadora y cooperativa; formadora de ecosistemas. Equivale al estómago y al bazo, así como al tejido conjuntivo, la circulación de las extremidades y la energía orgánica adquirida. En el aspecto psicológico comprende el pensamiento y la reflexión.

Cuando hay desequilibrios del movimiento Tierra, la persona presentará:

- pensamientos obsesivos y recurrentes, pero muy poca práctica y acción
- tendencia al estancamiento en varias esferas de la vida: relaciones, trabajo, salud
- frío y estancamiento sanguíneo en las extremidades
- padecimientos digestivos y de las grandes articulaciones
- mejora o empeoramiento notable a finales de verano y durante los cambios estacionales
- atracción o aversión ante el color amarillo

*En la cocina* hay que tener en cuenta el mobiliario, la luminosidad y el espacio. Por ser una zona de transformación necesita un gran aporte de Yang, que se consigue:

- con quemadores de gas o eléctricos: el fuego moderno
- con luz abundante —solar y eléctrica—, así como colores vivos y cálidos en las paredes

La cocina debe estar ubicada después de la sala. No es conveniente que la cocina y el comedor estén inmediatamente después de la puerta principal, ya que se consideran parte del movimiento central.

La posición ideal para las personas que elaboran los alimentos será la que permita ver la puerta de acceso, alineándose con los canales de respiración de la vivienda.

En las cocinas modernas se conjugan dos energías de naturaleza contraria:

- el Yang extremo del fuego en los quemadores
- el Yin frío del refrigerador y del agua del fregadero

En las regulaciones energéticas que establecen Las Cinco Transformaciones, el frío y el calor deben mantener cierta distancia para que sus fuerzas no colisionen y caminen hacia el antagonismo. Por eso es importante separar los quemadores del refrigerador y el fregadero. De no ser así estaremos dificultando y alterando la mezcla sutil de energías en los alimentos, al limitar la fuerza transformadora del fuego por la cercanía de fuerzas Yin extremas.

*El comedor* es el ambiente que favorece la asimilación energética de los alimentos elaborados en la cocina.[33]

En el comedor es necesario crear un espacio Yang por medio de:

- una luz natural alta
- colores cálidos y luminosos
- un mobiliario funcional pero no robusto, ya que unos muebles grandes y pesados amplificarían la naturaleza Yin del ambiente
- varias puertas que den acceso a otras áreas de la vivienda[34]

Desde la mesa del comedor se deben ver las puertas de acceso para recibir la circulación energética. El comedor y la cocina son parte de una misma función, y por tanto deben estar juntos.

EL CUARTO DE BAÑO debe combinar en un mismo ambiente el Yin del agua con un Yang suave, necesario para las funciones de

[33] El organismo sustrae de los alimentos la energía nutritiva que, junto con la energía respiratoria, conforma la energía adquirida que circula en los meridianos principales del cuerpo energético.

[34] Las paredes con puertas y ventanas se consideran Yang; cuando carecen de ellas su naturaleza es Yin.

limpieza y eliminación del organismo. Esto se consigue por medio de:

- un espacio amplio y suficiente
- una buena ventilación
- iluminación natural
- un fondo en el que predomine el blanco

Es necesario modificar la idea de que el cuarto de baño puede ser funcional en un pequeño espacio poco iluminado y ventilado, pues estas condiciones propician el estancamiento de la energía.

El cuarto de baño se relaciona con el movimiento Metal y el otoño, con el color blanco y el oeste; su energía es la sequedad y su cualidad es la concentración y la resistencia. En un símil, podría equivaler a los pulmones, la piel y el intestino grueso, y en el ámbito psicológico, este movimiento se expresa en la tristeza como sentimiento que favorece la introspección.

El movimiento Metal —el ambiente energético constituido por el cuarto de baño, así como la porosidad y la respiración de los materiales de la vivienda— puede estar afectado cuando sus habitantes presentan padecimientos:

- intestinales (estreñimiento, frío o dolor en el bajo vientre)
- cutáneos, respiratorios o depresivos

El cuarto de baño es uno de los ambientes a los cuales se debe prestar mayor atención, ya que puede causar trastornos severos a los habitantes de una vivienda. Como es un canal de drenaje y desecho de energías que ya cumplieron su función, una mala disposición de este ambiente podría propiciar una tendencia excesiva a desprender la energía global de sus habitantes, con el riesgo de una desvitalización.[35]

[35] Hay que señalar que la incorporación del cuarto de baño al interior de la casa es relativamente reciente; todavía existen viviendas que tienen este espacio en el patio o en la terraza.

A continuación veremos cómo el cuarto de baño puede afectar a otros espacios de la vivienda.

1. Cuando se relaciona con la cocina:
   a) Si la cocina da acceso al cuarto de baño desde su interior se drenará su fuerza Yang afectando la transformación de los alimentos, y poniendo en confrontación un ambiente que necesita fusionar e incrementar la vitalidad con otro que la desecha y expulsa; la energía adquirida de la casa será afectada y deficiente, y por tanto, también la de sus moradores.
   b) Si una pared contigua relaciona el inodoro con los fuegos o quemadores, el fregadero, el refrigerador o alguna alacena, estamos ante un influjo más perjudicial que afectará la calidad energética de los alimentos procesados, conservados o almacenados.

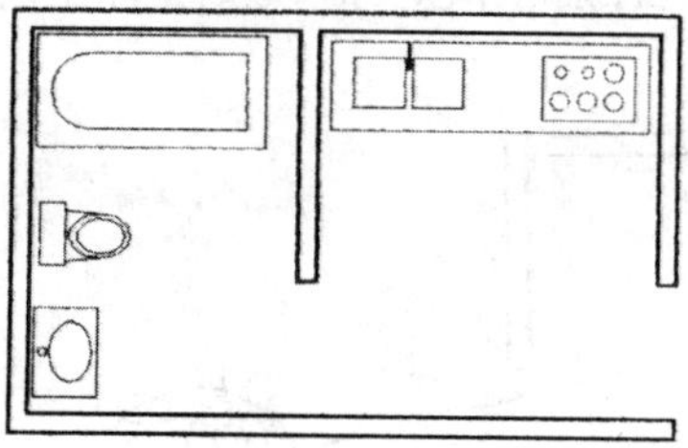

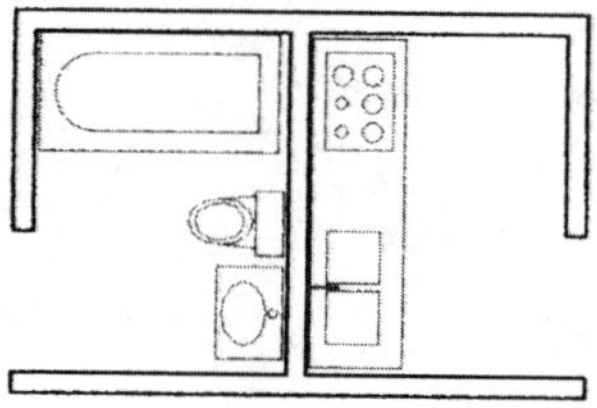

2. Cuando se relaciona con un cuarto de trabajo o descanso:
   a) Si una pared contigua pone en relación al inodoro con la silla principal de un estudio, el cabezal o lateral de la cama, la persona se verá desvitalizada: su fuerza Yang será drenada quedando un exceso de Yin que le provocará sensación de frío, pesadez, somnolencia, dificultad para articular pensamientos, agotamiento, etcétera.
   b) Si un dormitorio tiene un cuarto de baño en su interior, su energía vital será drenada y afectará el descanso de las personas que lo usen.

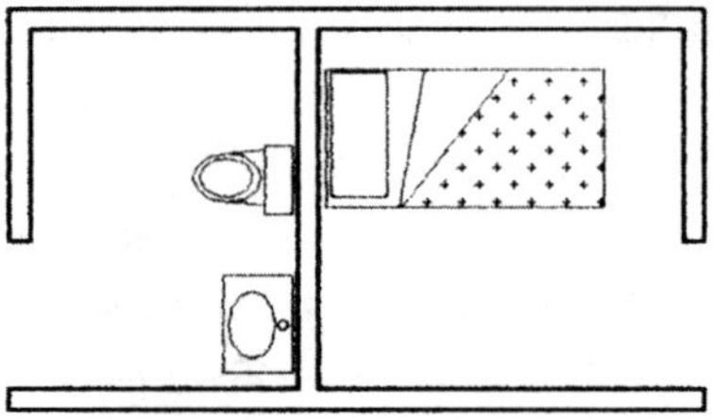

3. La disposición interna del cuarto de baño es inadecuada:
   a) Cuando el primer contacto visual que se establece al entrar es con el inodoro. La vista es uno de los principales reguladores energéticos; allí donde se fija, la energía se engancha y se sostiene por la atención; en este caso los habitantes enlazarían su energía con el aspecto más visible de este canal de drenaje, causando una pérdida paulatina de su energía vital, afectando la salud, vitalidad e intensidad de sus experiencias.

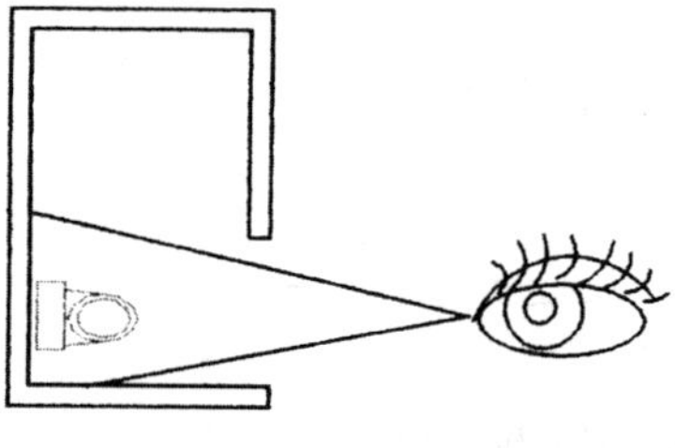

   b) Cuando se sitúa en el centro de la casa, que debe ser lugar de estabilidad e incremento de la energía y no de su eliminación.
   c) Cuando se ubica en el este, orientación donde se incrementa la energía, o cerca de la entrada principal, donde dicha energía se vería drenada.

La posición más idónea del cuarto de baño es en la zona media de la vivienda —el tránsito entre el área diurna y nocturna—, con orientación hacia el oeste —por donde se pone el sol— para coincidir con la tendencia de ese punto cardinal a disipar la energía.

### *Los ambientes Yin: introspección, sueño y oscuridad*

Existen dos ambientes básicos que precisan de una energía Yin alta: el dormitorio y la sala de estudio.

EL DORMITORIO debe ser un ambiente Yin, oscuro y suave. Para conseguirlo hay que poner atención al uso de la luz. El dormitorio debe ventilarse y recibir el suave calor solar en las primeras horas de la mañana, pero luego hay que buscar el reposo y penumbra que aquiete la energía e incremente su naturaleza Yin.

Como ya vimos, las ciudades tienden a ser paisajes Yang extremos o acelerados, y la fuerza Yin es escasa. El dormitorio es un ambiente vital para compensar, durante el sueño y el descanso, esta carencia de Yin.

Puede tener dos o tres paredes del tipo Yin, esto es, sin puertas o ventanas; una pared Yang con una ventana amplia y bien orientada para captar óptimamente la luz solar.

La ubicación ideal del dormitorio es al final de la vivienda, donde el Yang no está en plenitud ni agitado. El movimiento de la energía en este ambiente debe ser suave y en espiral, muy lento, como representando a la noche, del mismo modo en que la sala de estar y el comedor son el día de la vivienda.

La oscuridad es otra fuente de Yin, por lo que no se debe abusar de la luz eléctrica en este espacio. Antiguamente la iluminación nocturna provenía de las velas o lámparas de petróleo, las cuales no anulaban por completo las penumbras, pero la electricidad extendió el aspecto luminoso del día a la noche. Sería interesante recuperar el principio de la oscuridad nocturna en la vivienda, explorarlo y adentrarse en él.

En un dormitorio hay que omitir los aparatos eléctricos como equipos de sonido, ordenadores o computadoras, televisor, teléfono o despertador, ya que crean campos electromagnéticos de diversa intensidad con una influencia constante de 6 a 8 horas durante el sueño, provocando diversas disfunciones y la amplificación de ciertos síntomas y padecimientos. Para el Feng Shui, la electricidad y los aparatos eléctricos —en la imagen del rayo o el trueno— son campos de fuerza Yang, que en este espacio debilitarían tanto el Yin ambiental como el orgánico.

Tampoco es conveniente que haya espejos en los dormitorios; como veremos, los espejos crean canales de circulación energética Yang y puntos de aceleración.

Los muebles de un dormitorio pueden ser grandes y robustos para estabilizar el Yin, pero con una proporción adecuada a las dimensiones de la habitación, dejando espacios suficientes para transitar cómodamente por ella. La cama y el colchón no deberían tener componentes metálicos para no atraer los campos electromagnéticos ambientales.

La situación de la cama puede poner en riesgo el Yin orgánico cuando:

- el cabezal da directamente sobre una ventana (punto Yang)
- la puerta y las ventanas se alinean con los pies de quienes duermen
- la ventana y la puerta establecen una relación lineal que pasa a través de la cama

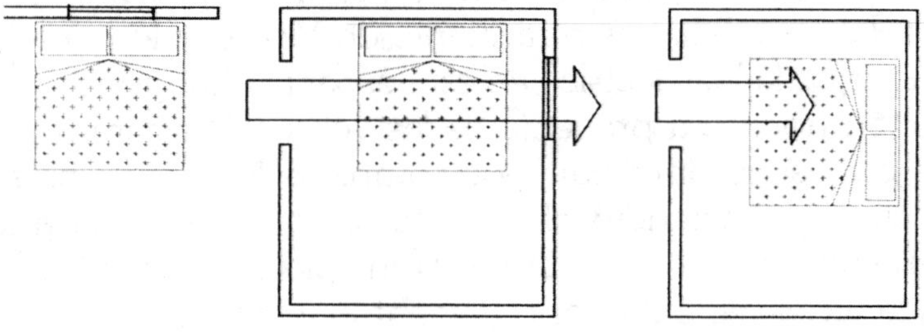

Estas tres situaciones suponen una exposición prolongada sobre un canal Yang.

El dormitorio se relaciona con el movimiento Agua, con el invierno, el color negro o azul oscuro, el norte y el mar; su imagen es el agua que desciende y el frío que concentra. Equivale al riñón y la vejiga, a la energía ancestral, y en el aspecto psicológico representa tanto el estado de alerta y el miedo, como la voluntad.

Una disarmonía en el movimiento Agua puede reconocerse en los habitantes por:

- un exceso de frío en todo el cuerpo
- sensaciones de temor, pánico y terror exagerado
- padecimientos óseos
- mejoría en el verano y con el calor
- empeoramiento con el invierno, el frío y la noche
- aversión o atracción por el color negro

LA SALA DE ESTUDIO. Para los taoístas, el pensamiento y la reflexión madura proceden de una cierta quietud emocional. El acto de pensar se ubica cerca del ámbito de la observación ya que, al ser el razonamiento de naturaleza Yang, existe una fuerte tendencia a especular sin contemplar la globalidad de los fenómenos analizados. La mezcla de reflexión y emociones extremas se considera como un camino hacia la confusión interior. Así que para el taoísmo el pensar venía de la quietud y el silencio.

Para el Feng Shui, la sala de estudios debe ser un ambiente Yin para favorecer una mezcla de reflexión e introspección tranquila. Este lugar se situará preferentemente al norte, hacia el final de la casa, donde la fusión energética tiene preponderancia Yin, evocando la quietud, la soledad y el distanciamiento.

Las plantas, una pecera o una pequeña fuente pueden servir para amplificar la fuerza Yin en caso de percibirla pobre o insuficiente. Es bueno que existan dos paredes Yin sin ventanas o puertas.

Este espacio requiere una iluminación abundante, que puede ser filtrada por una cortina en diversos tonos de amarillo —el color de la reflexión y la Tierra—, para ayudar a la concentración; una luz demasiado clara o un exceso de estímulos visuales provocarían que se dispersara la atención.

Si el clima es templado o fresco se pueden abrir las ventanas evitando las corrientes de aire; si es caluroso tendría que templarse con plantas, una fuente de agua o una pecera —mediana o grande—. No hay que abusar de los climas artificiales muy fríos, que provocarían una contracción excesiva de la fuerza Yang. Si el clima refresca, tampoco sería bueno crear un ambiente de calor extremo, ya que esto nos desvincularía del movimiento estacional y del ambiente Yin necesario para la concentración.

El mobiliario —libreros, estanterías, archivadores, etc.— debe favorecer el orden para evitar la dispersión. Las cosas apiladas en grandes montones de papeles sobre la mesa provocan estancamiento. Si algo no se usa debe ser desechado y lo que se volverá a utilizar debe guardarse en su lugar correspondiente.

En la mesa o escritorio, una lámpara iluminará perfectamente el área de trabajo; estará situada a la izquierda para que no se proyecten sombras sobre el papel al escribir. Un foco amarillo puede ayudar a la reflexión eficaz y a la creatividad; también el verde y el azul cielo pueden servir, ya que son los colores de la primavera, cuya cualidad es el aumento suave de la energía.

En el escritorio puede reflejarse la totalidad de los movimientos estacionales a través de diversos elementos: una pequeña planta con verde y rojo nos relacionaría con la primavera, el verano y la Tierra; una roca o un mineral oscuro serían la fuerza Yin otoño y del invierno... existen cientos de posibilidades para reflejar este arcoiris de energías.

La mesa y la silla principal de la sala de estudio conectarán al estudiante con la red general de canales y ambientes energéticos de la vivienda, permitiendo una clara visión de la puerta. Hay que recordar que la mente y el pensamiento a menudo tienden a desvincularnos del entorno, y la ausencia de conexión con la puerta favorecería esta tendencia.

El ambiente del estudio debe protegerse de los ruidos distorsionados de la gran ciudad; si no es posible, crearemos un ambiente interior con sonidos que evoquen el ruido del agua o con música, siempre y cuando ésta no disperse nuestra atención.

La sala de estudio, al igual que el dormitorio, pertenece al movimiento Agua.

## *Los canales energéticos interiores y los puntos reguladores*

Los canales energéticos interiores y los puntos reguladores de una vivienda son:

- los pasillos y corredores
- las escaleras
- las puertas
- las ventanas
- los pilares y columnas
- los sistemas reguladores de la luz y temperatura
- las paredes por las que circulan conducciones eléctricas
- las chimeneas
- las conducciones de agua y los drenajes

Podemos tratarlos como un sistema de canales y puntos semejantes a los del organismo, con una diferencia: no siempre reflejan los movimientos y pautas de la naturaleza, y su uso descuidado provocaría una desconexión y pérdida del vínculo con los ciclos naturales.

PASILLOS Y CORREDORES. Los pasillos son canales que conducen la energía adquirida desde la puerta principal al interior; son las arterias de nutrición y respiración de la vivienda. Deben ser amplios, luminosos, no muy largos ni muy oscuros y laberínticos. Podemos clasificarlos en tres categorías energéticas:

1. *Los pasillos de naturaleza Yang* son largos, rectilíneos y muy luminosos; favorecen la conducción y la aceleración de la energía. Si alinean varias puertas y ventanas provocan movimientos Yang extremos. Estos pasillos favorecerían espacios con una energía Yin extrema, pero serían inconvenientes si terminaran en un dormitorio o sala de estudio.
2. *Los pasillos Yin* son amplios, frescos, en penumbras y no muy largos. Este tipo de pasillos aquietan el flujo de la energía y serían convenientes para el acceso a dormitorios y salas de estudio.
3. *Los pasillos con estancamiento de energía* son húmedos, oscuros, con desniveles, estrechos, fríos y laberínticos. Producen estancamientos de tipo Yin, drenando el Yang orgánico de quienes transitan por ellos. Si son húmedos, luminosos, estrechos, calientes y laberínticos, provocarán un estancamiento del Yin y el Yang, y quienes los transiten se quejarán de agotamiento y pesadez.

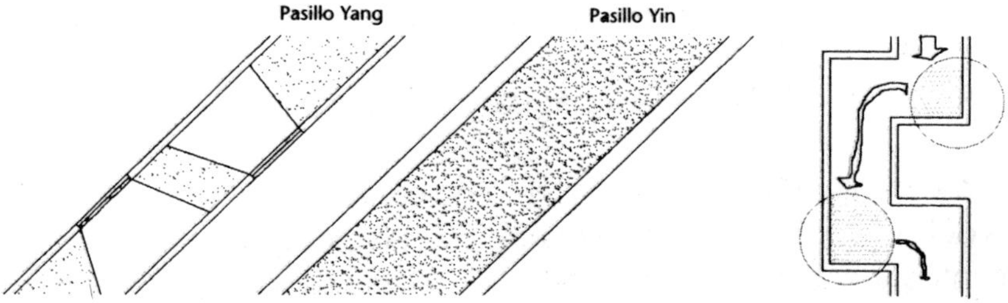


LAS ESCALERAS son canales ascendentes y descendentes de energía adquirida, que comunican diversos planos de la vivienda o construcción.

1. Para favorecer un buen flujo energético deben ser amplias, con escalones grandes.
2. Si los escalones son más pequeños que el pie causarán sensación de inseguridad; si están incompletos dificultarán el ascenso de la energía.
3. Si son muy largas, de pendientes pronunciadas, angostas, rectilíneas y de materiales ligeros, aceleran el Yang.
4. Si son amplias, circulares, de piedra o de barro cocido, son de naturaleza Yin templada y aquietan la circulación energética.

LAS PUERTAS son puntos reguladores de los ambientes energéticos: sirven para contener la presión de diversas energías y para dar estabilidad a los ambientes conseguidos en cada habitación.

1. Es preferible que no se sitúen en el centro de una pared, ya que provocarían un ángulo de estancamiento.
2. No es recomendable que abran hacia afuera, porque impiden y cortan el paso espontáneo de la energía.
3. Los materiales con que están construidas regulan el ambiente interior: una puerta negra de metal aportará un tono Yin frío; una de madera será Yang templado; si es de color rojo y cristal, será una puerta Yang caliente, etcétera.
4. Si dos o más puertas se alinean, provocarán un movimiento Yang rectilíneo en el ambiente; igual ocurrirá con las ventanas.

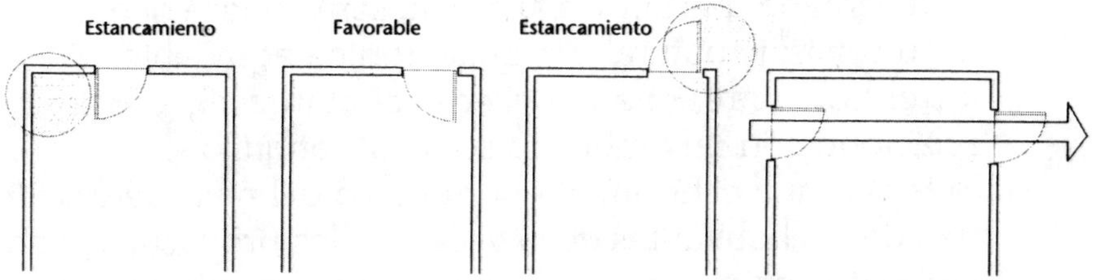

LAS VENTANAS regulan los ambientes interiores en relación con el exterior; son parte del aparato respiratorio de la casa y su apertura visual. Permiten establecer ciertas conexiones con la luz solar, la oscuridad, el horizonte, los paisajes, los sonidos, etcétera.

1. Las hojas de la ventana deben abrir sin impedimento hacia el interior o el exterior; no se consideran óptimas las ventanas correderas o las que se desplazan sobre su plano, ya que limitan la amplitud de la apertura y el intercambio con el exterior.
2. Las ventanas en una pared acentúan la naturaleza Yang del ambiente; a más luz, más Yang; una ventana de máxima naturaleza Yang será la que aporte luz solar, esté orientada hacia el sur y dé hacia una gran extensión de paisaje natural o hacia un paisaje urbano lineal.
3. Una ventana Yin estará dirigida hacia el norte y no será muy grande; tendrá vista a un bosque, un lago cercano, o bien a grandes edificios en los que no se perciba directamente la actividad, limitando la perspectiva del horizonte.
4. Consideraremos una ventana perturbada aquella que deje penetrar un ruido excesivo y distorsionado, que muestre un paisaje gris, alguna fábrica expeliendo tóxicos, un vertedero o cualquier vista desagradable. Los cristales rotos o desigualmente pintados también alteran la relación interior-exterior de una vivienda.
5. Una ventana que aporte armonía será aquella que muestre un paisaje natural o arquitectónico agradable: el cielo, el horizonte, el amanecer o el atardecer, y que nos relacione con un ambiente sonoro tranquilo.
6. Si la ventana está situada por debajo del nivel de visibilidad de los habitantes de la vivienda, les provocará padecimientos en el hígado y la vesícula biliar, con tensiones musculares y anímicas —movimiento Madera.

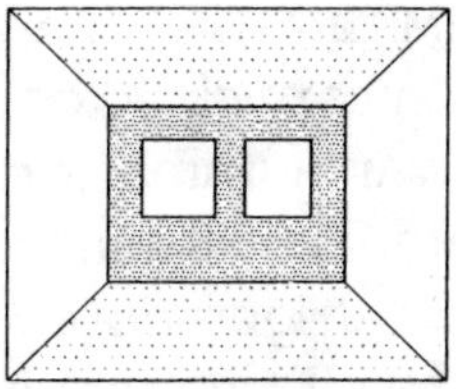

Pared Yang

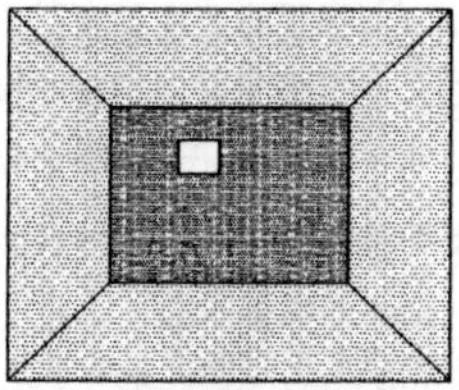

Pared Yin

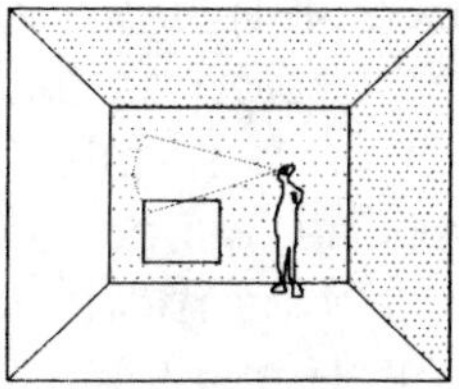

Desfavorable

En conclusión, podríamos decir que si una ventana nos abre a un paisaje perturbado debemos limitar la relación visual; si nos abre al horizonte y la naturaleza podremos realzar este aspecto en un ambiente interior como la sala de estar.

Si queremos un ambiente Yin tendremos que filtrar la luz; para amplificar el Yang dejaremos que penetre al máximo. Al cerrar las ventanas favorecemos la introspección; al abrirlas ayudamos a la exteriorización.

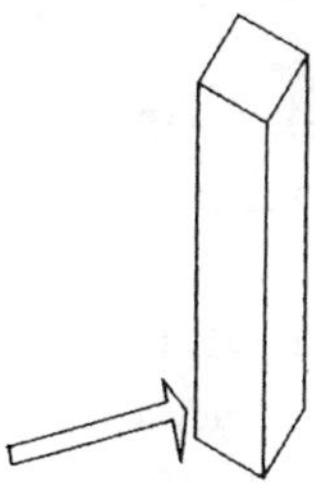

LOS PILARES son parte de la "osamenta" de la casa y pertenecen a los canales por donde circula la energía ancestral. La forma más recomendada por el Feng Shui para estas columnas es la redondeada, ya que favorece la circulación esférica y espiral en los ambientes.

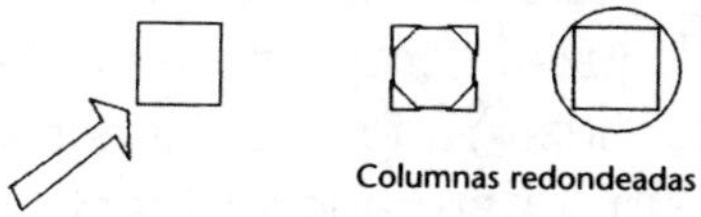

Columnas redondeadas

Cuando las columnas tienen ángulos vivos, se recomienda redondearlos para evitar los cortes de energía.

LOS SISTEMAS REGULADORES DE LA LUZ Y LA TEMPERATURA. La electrificación ha dado a las ciudades modernas la capacidad de incidir en la regulación de la luz al extender la gran iluminación a la noche, así como de modificar la temperatura estacional.

Los modernos aparatos calefactores o refrigeradores permiten modular el ambiente climático del interior de una vivienda. Resultan útiles en tanto su uso sea prudente; sin embargo, si nos exponemos a un calor intenso en invierno, nos alejará del movimiento introspectivo propio de la estación desde donde rige nuestra naturaleza Yin. Por otra parte, al salir a la calle el cuerpo energético sufrirá una fuerte contracción al exponerse al frío, y una expansión al llegar nuevamente a un ambiente cálido: estos cambios bruscos son fuente de perturbaciones y padecimientos.

Sucede lo contrario cuando en verano, sometemos a fuertes contracciones a los canales energéticos orgánicos al llegar a ambientes refrigerados, mientras que la naturaleza está en creciente expansión. Estas presiones obligan a la energía protectora a una constante actividad desgastante. También nos separan del ritmo estacional, lo que dificulta la regeneración —el descanso y el relevo en la actividad— de las energías Yin y Yang, agotándolas prematuramente.

Podemos encontrar un uso razonable de estos sistemas que permitan suavizar los climas extremos sin renunciar a sentir frío en invierno y calor en verano. Habría que reencontrarse con los antiguos métodos para regular la temperatura corporal, tales como la ropa, los alimentos, la sudoración y una adecuada manera de proceder en cuanto al tiempo y la actividad.

Además, hay que tener en cuenta que muchos de estos sistemas funcionan con electricidad, por lo que no deberíamos exponernos a ellos durante la noche.

También hay que mencionar aquí la ruptura del ciclo día-noche cuando extendemos abusivamente la luz al tiempo de la noche y la oscuridad. Esto fuerza a nuestra naturaleza Yang a seguir activa sin descanso y obliga a nuestra fuerza Yin a permanecer inactiva, rompiendo su tendencia natural de cooperación y relevo.

LAS PAREDES POR LAS QUE CIRCULAN CONDUCCIONES ELÉCTRICAS. si bien el fenómeno de la conducción eléctrica artificial es más reciente que los orígenes del Feng Shui, y por tanto los antiguos geomantes tuvieron muy poco que decir al respecto, expertos geobiólogos han realizado estudios detallados considerando los campos electromagnéticos y las radiaciones —naturales o artificiales—, como fuente de riesgos para la salud. Dichos estudios comprenden desde los grandes tendidos de alta tensión hasta las instalaciones interiores de las viviendas y los electrodomésticos. En cualquier caso, los campos electromagnéticos son un factor a tener en cuenta.[36]

1. Si los cables son de alta tensión, crean un gran campo de fuerza electromagnética que incide en el organismo presionándolo hasta distancias de más de 200 metros, drenando su fuerza Yin.
2. Los cables que distribuyen la electricidad por medio de postes o adosados a los muros exteriores de los edificios pueden crear alteraciones, sobre todo si no están protegidos; si nos exponemos a ellos por la cercanía con los dormitorios o se pasa largos ratos en su proximidad, se desvitaliza el Yin orgánico.
3. Las conexiones eléctricas interiores, instaladas cerca del cabezal de una cama —cableado, interruptor o enchufe—, también presionan al organismo, lo cual se agrava si hay aparatos eléctricos conectados a la red; deberíamos tener interruptores que permitieran su desconexión durante la noche, eliminando totalmente esta influencia.

[36] Es necesario conocer con detenimiento las alteraciones electromagnéticas en instalaciones y aparatos electrodomésticos a la hora de armonizar una vivienda. Para profundizar en este tema, así como para obtener una perspectiva amplia de la Geobiología, sugiero la obra de Mariano Bueno, *El gran libro de la casa sana*, Martínez Roca.

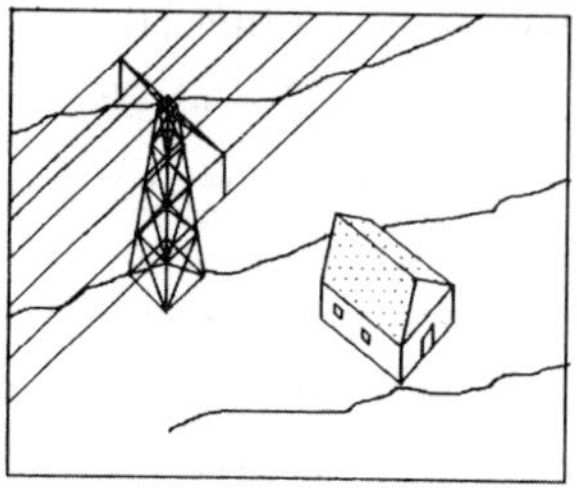 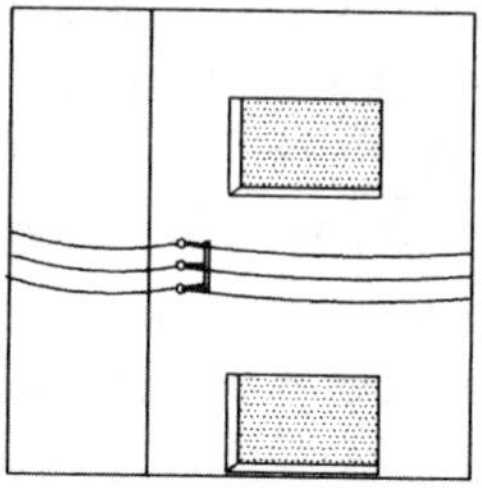 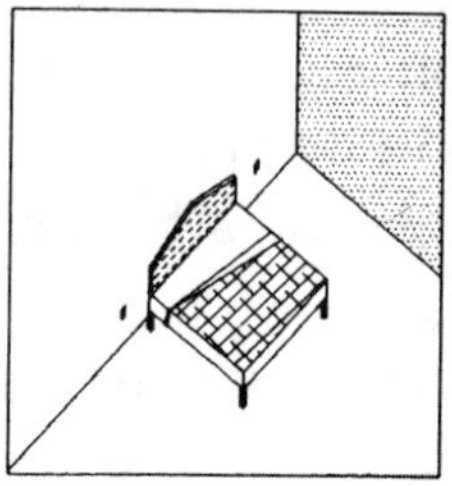

LAS CHIMENEAS son un canal energético que ayuda a limpiar el ambiente. Cuando no se usan, deben contar con algún mecanismo para taponar el respiradero, ya que por ahí puede drenarse la vitalidad del ambiente.

Las chimeneas tienen el atractivo de aportar una relación cercana con el Yang más ancestral: el fuego. Permiten compartir y disfrutar la danza de las llamas tejiendo los haces de oscuridad con los amarillos y anaranjados, el silencio, la quietud, la desaparición de las presiones del tiempo... vivencias todas ellas muy difíciles de alcanzar en la gran ciudad.

LAS CONDUCCIONES DE AGUA Y DRENAJES Son sistemas que conducen fuerza Yin al interior de la vivienda, por lo que deberían tener en cuenta las siguientes consideraciones:

1. Que las tuberías no pasen por las paredes de habitaciones como los dormitorios.
2. Que no existan fugas de agua, ya que desarrollan un exceso de humedad que estanca la energía.

Los drenajes —que se contemplan como conductores de energía tóxica— no deben ser trazados bajo el suelo de la vivienda, potenciando una condición Yin del suelo, especialmente si hay perturbaciones telúricas.

Por tanto, tuberías de agua y drenajes son una fuerza Yin extensa o constante que tiende a atraer energía Yang complementaria; si su trazado no es el adecuado, son los ocupantes de la vivienda quienes la aportan, quedando expuestos a sufrir diversos padecimientos por exceso de Yin: frío constante, exceso de orina blanca, abatimiento y somnolencia.

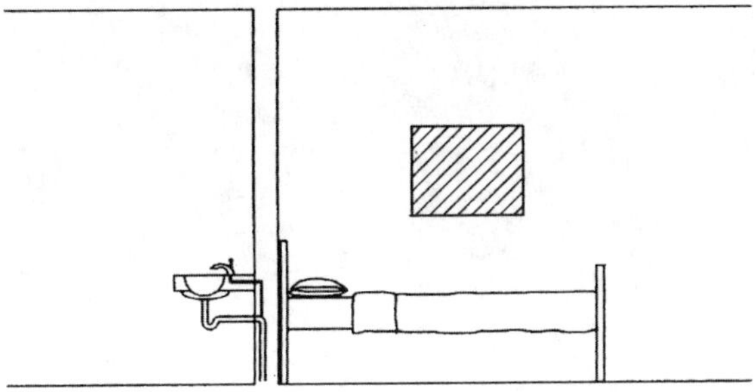

## *Conclusión*

En este capítulo exploramos cómo los paisajes urbanos y los entornos de las viviendas pueden ser regulados por plantas, materiales y orientaciones adecuadas en los accesos principales.

Vimos cómo las energías esenciales —ancestral, adquirida y protectora— se estructuran en las edificaciones al igual que en el organismo.

Examinamos cómo los ambientes interiores de una casa oscilan entre el Yang diurno y el Yin nocturno, relacionando las diversas habitaciones con las fases de Las Cinco Transformaciones.

Finalmente, hicimos hincapié en la necesidad de hacer un buen uso de los sistemas reguladores de la iluminación y la temperatura, ya que podrían causar efectos perjudiciales al separarnos de los ciclos de la naturaleza.

# *Segunda parte*

# Diagnóstico de espacios vitales a través del Feng Shui y la medicina taoísta

# Introducción

El diagnóstico en el Feng Shui de la Tierra o de las formas consiste en reunir información acerca de un lugar y sus habitantes a través de la observación, la sensibilidad y la percepción directa.

En un proceso de diagnóstico hay que conseguir el equilibrio entre la percepción del lugar y el marco conceptual al que se refiere este conocimiento geomántico, ya que una sensibilidad caótica limitaría las posibilidades de influir en la vivienda; por otro lado, un diagnóstico rígido, mentalista y ceñido a los preceptos interpretativos conduciría a una falsa lectura del ambiente.

En el diagnóstico energético de una edificación hay que integrar los elementos que confluyen en un paisaje, un entorno y un ambiente energético y aun más: esta correlación debe tejerse alrededor de las personas ocupantes del lugar, ya sea una vivienda o un centro de trabajo, tendiendo un puente entre el Feng Shui y la medicina china; entre enfermedad, bienestar y los ambientes que habitamos.

Un proceso de diagnóstico global consta de:

1. La observación, la percepción y sensibilidad directa sobre el lugar.
2. La reunión de datos sobre el Yin y el Yang en paisajes, entornos, ambientes y habitantes.
3. La sincronicidad entre los movimientos y ciclos de la naturaleza con la vivienda y sus habitantes.

# 5. Observación y percepción

## *Al margen de la interpretación*

Observar es reunir datos sensibles y *darse cuenta*, sin el control del raciocinio y la interpretación. Esta experiencia permite que aflore un saber directo e intuitivo —sin palabras— que procede del cuerpo, de sus sensores perceptuales y su relación con una vastedad de conocimientos almacenados en el cuerpo energético.

Según los relatos de los viejos taoístas, antiguamente la humanidad vivió el conocimiento sin palabras. El desarrollo de la autociencia y el razonamiento —el ego, la sensación del ser separado e independiente, el pensamiento y el idioma— son una adquisición de la conciencia más reciente.

La percepción antigua era total, lo cual implicaba al conjunto de fibras, canales, centros y puntos energéticos del cuerpo energético con un volumen infinito de información, sintiendo desde una esfera en expansión. La razón, en cambio, sólo emplea algunos de estos haces energéticos, aislando pequeños filamentos, sintiendo desde una estructura lineal.

Si bien esta maniobra de selección perceptual y discriminación energética nos ha dado precisión en el enfoque, visión de detalle y minuciosidad, hemos pagado el precio de perdernos en lo laberíntico forzando una desconexión con las pautas de la naturaleza y el universo.

Consecuencia de la contracción de la conciencia hacia el cerebro y el pensamiento —en detrimento del cuerpo, el sentir y el actuar espontáneamente—, ha sido la tendencia dominante hacia el hilotropismo —la atracción desmesurada por la materia y la forma—, alejándonos de la posibilidad de percibir energía directamente.

*Cuando era pequeño, por las noches, antes de quedarme dormido, en la oscuridad de las paredes de mi cuarto, aparecían sombras y colores danzantes, maravillosos movimientos que escapaban al empobrecido grupo de pensamientos desorganizados que llegaban a mi cabeza en la escuela. Cuanto más pensaba sobre esos movimientos multicolores, más formas fantasmagóricas me amenazaban... pero cuando empezaba la danza en la oscuridad, un silencio anhelado me mostraba las sombras, los orígenes, y simplemente todo estaba bien, sin futuro, sin pasado, sin pensamientos...*

*Durante el día, tocaba una y otra vez la pared azul, sólida e indiferente, y me preguntaba si aquella masa dura se había engullido las olas de la noche,*
*o si era que la pared tenía dos rostros: uno para el día,*
*otro para la oscuridad.*

Hasta atravesar la frontera hacia la percepción discriminativa, el conocimiento antiguo rige la vida; incluso hay un sinfín de actividades "inteligentes" que la razón no controla y, sin embargo, son fundamento de vida: el ritmo cardiaco o respiratorio, las acciones reflejas, los procesos bioquímicos, la reconstrucción celular en una herida... Estamos lejos del conocimiento sin palabras porque no nos damos cuenta de que ahí sigue, actuando y sosteniendo la vida silenciosamente.

La observación es una puerta de entrada hacia este antiguo conocimiento, y premisa del diagnóstico energético de un lugar: *percibir el lugar lo más cerca del silencio interior, lo más lejos del diálogo interno.*

## *La observación espontánea*

Todos hemos experimentado estados de conciencia más globales: cuando nos asustamos, por ejemplo, la sensación corporal traspasa los lindes de la piel y se expande, los sentidos se amplifican y se funden, casi podemos tocar el lugar con el oído, una sensación de alerta controla los músculos, la respiración se diversifica en un arcoiris de ritmos... La conciencia y la atención abandonan la cabeza, se anula la interpretación y surge un poder global que puede sacarnos del peligro con acciones inauditas, al margen de lo que uno cree posible: una carrera a toda velocidad en la oscuridad, un salto impresionante, un movimiento espontáneo que esquiva un golpe. O simplemente se siente que todo está bien y que podemos relajarnos.

Otra referencia común son las intuiciones, la capacidad de anticipar situaciones y vivencias, así como las relaciones analógicas que nos dan brillantes perspectivas sobre facetas de la realidad y sobre nosotros mismos.

Observación, intuición, sueños simbólicos o anticipatorios, sensaciones y sentimientos son residuos de esa sabiduría antigua que podemos rescatar, y en la cual se fundamentó la apreciación de los lugares para los antiguos geomantes chinos.

## *Ejercicios para conseguir silencio interior y atención corporal*

Se puede observar cualquier cosa: los actos, los pensamientos, los objetos, los lugares, las personas, las plantas, los animales. Para adentrarnos en este ámbito del conocimiento necesitamos conseguir:

1. silencio interior, quietud mental, relajación, desapego y distancia emocional
2. atención corporal, sensaciones, impresiones globales

El bajo nivel de pensamientos favorece la atención corporal o viceversa: llevar atención al cuerpo ayuda a silenciar la mente y hace que emane la observación. Entre los pequeños lapsos de silencio interior pueden sentirse grandes volúmenes de datos al acercarnos a la experiencia misma y no a una interpretación racional.

Existe un gran número de técnicas evocadoras de silencio y atención global en diversos sistemas de meditación, respiración y trabajo corporal. Quizá ya conozca algunas; puede emplearlas para preparar la observación de un lugar.

A continuación se proponen dos dinámicas derivadas de sistemas orientales de atención corporal, que activan diversas agrupaciones de canales energéticos:

## *Ejercicio: la respiración en el mar de la energía Yin-Yang*

Se refiere a la circulación que forman dos Vasos Curiosos, los cuales son una puerta de acceso hacia la energía ancestral:

1. El *Tou Mo o Mar de la energía Yang*, que nace en la zona próxima al cóccis o final de la columna y asciende por toda ella a través de la espina dorsal donde se encuentran centros de energía muy importantes (en el hueso sacro, a la altura de los riñones, entre los omóplatos, en la base del cráneo, en la cima de la cabeza y en el centro de los ojos).
2. El *Jen Mo o Mar de la energía Yin*, que nace en la zona genital y sube hacia la lengua influyendo en otros centros energéticos situados en el bajo vientre, en el ombligo, en el plexo solar, a lo largo del esternón y el cuello. Recorre la línea frontal del cuerpo.

Estos dos canales están unidos en la vida intrauterina, pero al nacer e iniciarse el proceso de individualización pierden su conexión natural bloqueando el acceso a las reservas más antiguas y profundas de energía, conciencia y conocimiento. Estos océanos de energía, al ser separados, quedan a expensas de un bloqueo o derrame estéril de energía.

Al reconectar estos canales, las capas profundas de energía ancestral emergen de la fijeza y profundidad para ir creando una conciencia paralela mucho más antigua y profunda, y empiezan a nutrir y consolidar la nueva configuración de haces energéticos, que se tornan conscientes de sí. Empieza el camino de recordar, de vincularse con la naturaleza y sus flujos, y las experiencias se tornan más intensas, coloridas y profundas. La egoicidad pierde su fuerza coercitiva, y se torna en un principio maleable para desenvolverse en el mundo cotidiano con libertad.

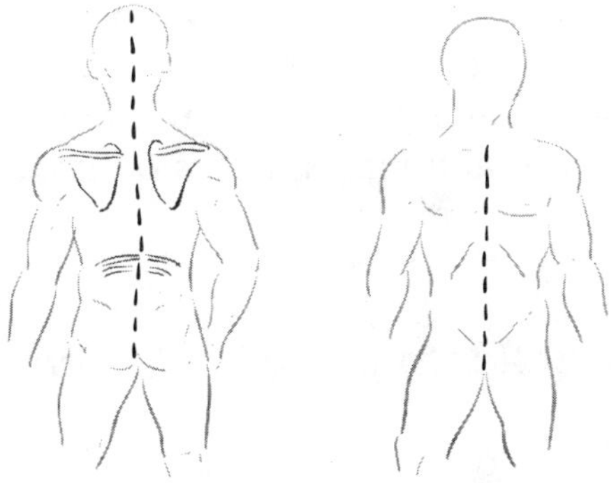

RESPIRACIÓN BÁSICA. Para esta respiración puede recostarse en el suelo, o sentarse en el filo de una silla fijando bien los pies al suelo, o bien, sentarse en posición de loto —clásica en meditación— si no resulta forzada o incómoda.

La columna debe estar recta pero no tensa. Puede ayudar unir las manos sobre o debajo del ombligo. En la inhalación se llevará el aire hasta la parte baja del abdomen llenándolo por completo; después se llenará el tórax como un fuelle, de abajo hacia arriba hasta llegar a los pulmones. Inmediatamente exhalamos comenzando a desalojar el aire del tórax y por último del abdomen. Practique esta respiración hasta encontrar un ritmo fluido y constante, sin lapsos entre inhalaciones y exhalaciones.

El siguiente paso consiste en implicar a los dos canales de energía ancestral mediante la respiración y el uso especial de la atención. En este caso apoyamos la lengua en la bóveda del paladar. En la inhalación llevamos el aire hacia el abdomen enfocando la atención bajo el ombligo y la desplazamos armoniosamente hacia el cóccix y riñones; cuando la inhalación alcanza las vértebras torácicas, continuamos desplazando la atención hacia la base y cima del cráneo; terminamos la inhalación cuando la atención alcanza el entrecejo.

Cuando se inicia el movimiento de exhalación, a medida que sacamos el aire, la atención se desplaza hacia la lengua, el cuello y los bronquios; cuando la exhalación alcanza el abdomen la atención llega al estómago, ombligo y parte inferior abdominal para iniciar un nuevo ciclo respiratorio.

Puede usar esta respiración por unos minutos para reestructurar la atención y la energía, antes de proceder a la observación de un lugar determinado.

## *Ejercicio: estiramiento y respiración en los canales principales*

Las siguientes posiciones le ayudarán a tomar conciencia de su cuerpo. Abren e intercomunican 12 canales energéticos principales y armonizan los órganos internos —donde circula la energía adquirida—, y los dos de energía ancestral descritos anteriormente —el Mar de la energía Yin-Yang.[37]

El ejercicio se fundamenta en la respiración y en ocho posiciones dinámicas que abren los canales y que atrapan nuestra atención corporal.

[37]Estos ejercicios los ideó Shizuto Masunaga integrando distintos sistemas de ejercicios energéticos del yoga, el taoísmo y el zen. Éstas son las ocho posiciones básicas; si le interesa profundizar en la exploración del cuerpo de energía puede consultar su libro *Ejercicios de imaginería Zen*, Edaf.

Accedemos a cada posición de apertura desde el relajamiento; inhalamos profundamente y dejamos que el cuerpo adopte una posición cercana a los modelos que describiremos. No debemos forzar el umbral de tensión dinámica —donde podemos sentir el canal y la tensión sin temblor ni contracción muscular—, pues se interrumpirían los flujos energéticos.

Al exhalar dejamos que el cuerpo ceda aproximándose a la posición modelo, siempre en la franja de tensión dinámica. Volvemos a inhalar para percibir nítidamente los canales de tensión y su recorrido, y al exhalar otra vez dejamos que el cuerpo ceda espontáneamente un poco más.

Este procedimiento se repite en cada posición por ciclos de seis, 12 o 24 respiraciones completas. Hay que tener en cuenta que algunas posiciones parecen más rígidas e inaccesibles al principio, por lo que respiraremos la mitad de veces que en las demás: tres, seis o 12.

Cuando estemos en el estiramiento dinámico, al inspirar podremos notar sensaciones lineales de frío, calor, tensión, vibración, densidad... también es posible experimentarlas en los órganos torácicos y abdominales, ya que éstas son las relaciones establecidas entre los canales y centros energéticos del organismo.

*Primera posición:* con los pies arraigados al suelo y abiertos hacia el exterior, los pulgares cruzados en la espalda y sin separarlos, flexionamos hacia adelante y dejamos caer los brazos. Activa los canales del pulmón y el intestino delgado.

*Segunda posición:* se debe realizar con cierto cuidado, sobre todo las primeras veces. Activa los canales y centros energéticos del estómago y el bazo. Se inicia sentándose sobre los talones; ayudándose por las manos se desliza el cuerpo hacia el suelo. Cuando note alguna tensión en los músculos de las piernas y abdomen debe detenerse, aunque esté todavía muy lejos de la posición ideal.

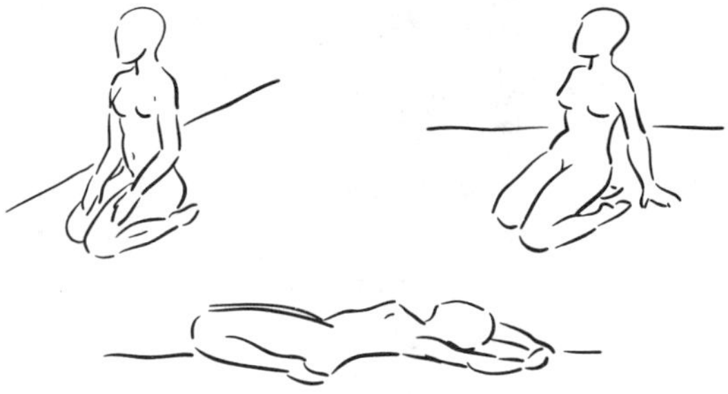

*Tercera posición:* se inicia sentándose en el suelo y juntando las plantas de los pies. Las rodillas deben dejarse caer hacia los lados. Las manos sujetan la punta de los pies y se deja que el cuerpo ceda hacia adelante, proyectando los codos hacia el frente. Activa los canales del intestino delgado y el corazón.

*Cuarta posición:* activa los canales del riñón y la vejiga. Se inicia sentándose en el suelo con las piernas y pies juntos y pegados al suelo; enseguida se deja caer el cuerpo hacia adelante, avanzando las manos hacia los tobillos.

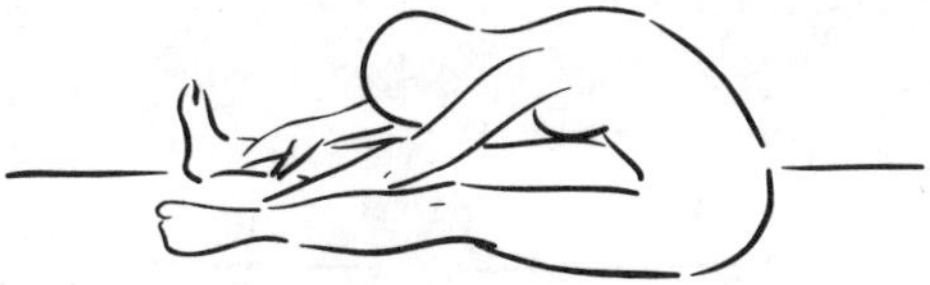

*Quinta posición:* despierta funciones de coordinación y cooperación entre distintos centros de energía conocidos en medicina china como canal del triple calentador y maestro del corazón. Se inicia sentándose en el suelo, con las piernas cruzadas en posición de loto; si esta posición es inaccesible, se puede iniciar descansando la pierna más tensa sobre el suelo; tome su rodilla izquierda con la mano derecha, y la rodilla derecha con la mano izquierda. Deje que el cuerpo ceda hacia adelante.

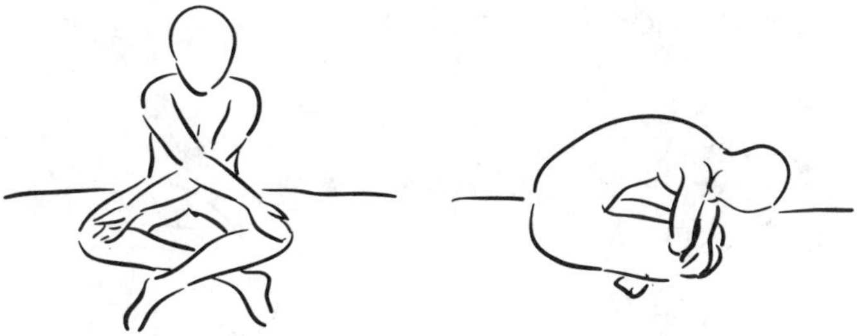

*Sexta posición:* se inicia sentándose en el suelo con los pies abiertos como tijeras; luego se entrecruzan los dedos de las manos unos con otros de manera que las palmas queden hacia el exterior. Se levantan los brazos por encima de la cabeza y se deja caer el tronco hacia un costado y luego al otro. La torsión del tronco debe ser lateral, sobre los costados. La respiración se iniciará sobre el costado más flexible, realizando menos respiraciones en el más rígido. Esta posición activa los canales del hígado y vesícula biliar.

*Séptima posición:* abre el canal Mar de la energía Yin. Se inicia de pie y con el cuerpo erguido. Los tobillos deben estar juntos. Se arquea la espalda hacia atrás ayudándose de las manos, las cuales se apoyan ligeramente en la parte posterior de los muslos.
*Octava posición:* activa el canal Mar de la energía Yang. Se inicia de pie, doblando el cuerpo hacia adelante como para tocar las piernas con la cabeza. Las manos se sitúan en la parte posterior de los muslos.

## El abc de la observación

Para un adecuado proceso de observación necesitamos:

a) *Renunciar a cualquier sistema interpretativo*, conjunto de creencias, preceptos, juicios y prejuicios, a fin de que el nuevo acercamiento perceptual sea lo más libre y espontáneo. En relación con el Feng Shui, significa suspender temporalmente el marco conceptual que hemos estado desarrollando en este libro —así como otras visiones preestablecidas sobre el medio ambiente—, para conseguir el acercamiento al lugar de la manera más directa posible, eludiendo cualquier interpretación.

b) *Prepararnos para percibir ampliamente* buscando el silencio del pensamiento y la relajación, expandiendo el enfoque de la conciencia de la cabeza a una dimensión orgánica: el cuerpo, sus sensaciones y sentimientos.

c) *Conocer el sí y el no de la observación.* Para observar algo, en este caso un lugar o un aspecto del lugar, necesitamos "enfocarlo" con nuestro sentir y fundirnos con la experiencia emergente. Cuando decimos enfocar no nos referimos a un acercamiento desde los ojos, sino a una sensación especial que se consigue cuando hay una fusión global de los sentidos con el lugar; esta fusión sucederá entre los lapsos de silencio del diálogo interno, intervalos que no suelen ser muy largos pero sí abundantes en datos sensoriales. La experiencia resultante es difícil de definir con palabras.

Aunque en un proceso de observación no hay que tener expectativas sobre lo que debe suceder, ya que casi siempre es una experiencia novedosa, sí es necesario establecer algunas referencias iniciales que le den un valor práctico a lo observado, a partir de las primeras impresiones que conseguimos al enfocar corporalmente un lugar o algún aspecto de éste; en un principio encontraremos dos experiencias opuestas —las energetizantes y las desvitalizantes:

1. *La experiencia energetizante* es vital, expansiva, global, placentera, intrigante, atractiva, estimulante, fresca, suave, alegre, ancestral... o una mezcla de sentimientos

que nos dan una impresión de globalidad y plenitud, donde intuimos posibilidades, exploraciones y facultades a desarrollar. Obviamente, esta experiencia nunca podrá ser descrita —ni de lejos— con adjetivos como los empleados, pero sí quedará un sentir claro: el lugar no perturba nuestra naturaleza energética, al contrario, la estimula a desarrollarse en nuevas facetas.

2. *La experiencia desvitalizante* es cortante, asfixiante, constreñida, pesada, obsesiva, estancada... nos hace sentir incompletos y desvinculados de la globalidad. En este caso el lugar observado tiene un efecto desfavorable sobre el organismo.

Los lugares, así como los seres vivos o las cosas, no son buenos o malos en sí. Un lugar puede ser demasiado intenso para nosotros en un momento dado, pero no para un felino.[38] La presión y la fusión con los ciclos y formaciones energéticas de un lugar puede tener efectos diversos en distintas personas o en una misma en diferentes momentos de su vida, a veces energetizando y en otras desvitalizando.

En cualquier caso, sea la razón que sea, si percibimos como excesiva la presión de un lugar debemos tenerlo en cuenta para que no nos afecte problemáticamente.

## *Ejercicios de observación de espacios y lugares*

A continuación encontrará tres ejercicios de observación de espacios vitales. Para facilitar la explicación, los centraremos en la vivienda, el espacio más común y determinante.

[38]Los felinos —representados por el símbolo del Tigre Blanco— son animales que buscan los influjos telúricos Yin en plenitud, mientras que los humanos necesitamos de una influencia terrestre más templada.

### *Ejercicio: la telaraña de sensaciones*

El objetivo de este ejercicio es darnos una idea de las implicaciones energéticas que tiene un lugar —la vivienda— sobre nosotros.

Necesitaremos varias hojas de papel en blanco, lápices de colores y una vela. El ambiente deberá ser relajado, en penumbra u oscuridad.

*Nota*: es importante leer técnicamente las siguientes explicaciones, sin usar su caso particular como ejemplo hasta el inicio real del ejercicio, ya que ha de realizarse desde la no interpretación y el silencio.

El ejercicio se inicia dibujando en el centro de la hoja la forma general de su vivienda —sólo los muros exteriores—; después anote su nombre en el interior.

En la hoja que contiene la forma de su casa representará situaciones, gente, cosas o actividades que conformen su universo personal, sin importar orden, distancia, trazos o formas, añadiendo a cada elemento algún rasgo que permita su identificación posterior, por ejemplo:

- personas cercanas, distantes o desaparecidas que influyen o influyeron en su vida
- actividades como trabajo, deporte, arte, etc.; objetos personales como muebles, libros, discos, cuadros
- sentimientos, emociones, sexualidad, recuerdos, enfermedades, etcétera

Tómese un minuto para plasmar en la hoja —rápidamente, sin pensar o analizar—, los elementos que surjan con formas, señales y ubicaciones espontáneas sobre el papel.

1. Después, cada elemento representado sobre el papel se asociará espontáneamente a uno o a varios colores. Este paso se realizará en tres minutos.
2. Con estos dos pasos obtendrá una telaraña de sensaciones nucleada en torno a su vivienda; la observará

corporalmente anotando lo que emerja: frío, tristeza, calidez, miedo, estancamiento, felicidad, muerte, opresión, creatividad, olor rancio y estancado, sudor, pesadez, conflicto, bienestar, un espacio ajeno, sueño, enfermedad, etc... No se trata de describir, sino de condensar en unas palabras sentimientos y sensaciones que se aproximen a la percepción del dibujo.

3. Para el siguiente paso necesitamos dos colores, por ejemplo, uno anaranjado y otro negro; oscurecemos el ambiente, encendemos la vela —de manera que ilumine el dibujo—, y observamos corporalmente elemento por elemento:

    - con el color anaranjado, trazaremos un círculo en torno a los elementos que sentimos como energetizantes
    - con el color negro, señalaremos los que sentimos como desvitalizantes
    - los elementos ambivalentes o neutros se dejan en blanco

Es posible que *el mapa energético* señale como desgastantes actividades, personas o cosas que uno nunca hubiera pensado; si es el caso, no cuestione sus observaciones: el mundo de los ideales y el pensamiento sostiene muchos conceptos engañosos e irreales de nuestro universo personal; esta incongruencia entre lo que se piensa y lo que se siente nos afecta desvitalizando la energía y poniendo en riesgo la salud.

De la observación poco a poco irá surgiendo una concepción energética más clara y sencilla del mundo, más respetuosa con su cuerpo, sus anhelos y su naturaleza.

1. Si su observación muestra un mapa energético con la mayoría de elementos rodeados en negro, señalará:

    - un espacio desvitalizante
    - un intercambio deficiente con el exterior

- una relación conflictiva con algunas facetas de su ser, y con las personas que lo rodean

## *Ejercicio: observando la vivienda*

Este ejercicio profundiza en el diagnóstico usando la capacidad de sentir un espacio. Se trata de adentrarse ordenadamente en los ambientes del lugar determinado registrando diversas sensaciones.

Preferentemente se realizará:

- con los ojos vendados
- en soledad
- en el transcurso de la noche

La oscuridad y la soledad facilitan la conciencia corporal, la observación y la intuición. Hay que moverse en la oscuridad lentamente para no tropezar o lastimarse. También puede ser útil llevar una pequeña libreta para registrar con breves notas las observaciones específicas de cada ambiente, aunque debe hacerlo en la oscuridad para no perder su conciencia corporal.

Puede usar algún ejercicio de silencio interior y reunir los elementos que favorezcan un proceso de observación profunda.

Luego sitúese frente a la puerta principal de la vivienda y explore sus sensaciones, sin analizarlas o interpretarlas. Haga lo mismo en el recibidor, la sala de estar, la cocina, el comedor, el cuarto de baño, el estudio y el dormitorio, los pasillos y las escaleras.

Puede emplear el tiempo que crea necesario en cada lugar, moverse despacio en el ambiente, tocar cosas, desplazar sus manos en el aire para sentir los tonos energéticos; puede usar la imagen de estar en el fondo del mar, sentir los sonidos y olores hasta adentrarse espontáneamente en la textura energética que brinda la oscuridad.

A veces afloran sensaciones y sentimientos como ganas de reír o llorar, o se percibe la presencia de otro tiempo, de un recuerdo, de alguna persona... se puede sentir miedo, soledad o entusiasmo; sea lo que sea es importante desplegar los sentimiento con sonidos, respiraciones y movimientos, puesto que se están percibiendo filamentos energéticos a través del sentir; estas sensaciones son un ensamble con los grandes canales del lugar, sus memorias y su naturaleza; dichas experiencias son parte del proceso de comprensión y exploración del lugar y de nuestro vínculo con él.

Tanto si la experiencia cobra una intensidad que no desee abordar, como si hay interferencias del pensamiento que llevan al cansancio, se puede suspender la práctica y retomarla al día siguiente. Es muy difícil terminar el mapa en una sola exploración.

Al explorar la percepción corporal de los lugares, poco a poco esta faceta del conocimiento se irá incorporando de manera espontánea a su vida.

La oscuridad, el silencio y la soledad pueden provocar miedo; son una experiencia que ejerce un gran papel sobre la conciencia corporal: el miedo funde los sentidos y los convierte en una unidad perceptual, captando en la vivencia infinitas relaciones entre las fibras energéticas del universo.

La función original del miedo es abrir la percepción corporal, aunque en general el efecto es bloquear cualquier proceso que esté en marcha al superponer pensamientos o imágenes irreales; podemos seguir explorando con miedo, siendo cautelosos pero activos, aprovechando su impulso para extender nuestro conocimiento.

La necesidad de conjugar el silencio interior, la oscuridad, la soledad, el miedo y las experiencias intensas hacen que debamos añadir un último rasgo a esta investigación: la paciencia y la persistencia. Igual que para aprender un idioma se necesita invertir tiempo y constancia, el mundo de la percepción también lo requiere. Poco a poco irá surgiendo un lenguaje sin palabras para vincularnos con el mundo desde otro ángulo más intenso y profundo.

Para retener la información obtenida en un proceso de observación, puede idear un mapa energético, un plano figurativo de la casa donde dibujar, colorear o escribir la esencia de su sentir. No tiene por qué respetar las coordenadas espacio-temporales habituales, ya que el sentimiento siempre las trasciende; también, el arte y los símbolos pueden ser una forma de capturar estas experiencias.

### *Ejercicio: el inventario de pertenencias (memorias espaciales)*

La cultura nos enseña a situarnos en el mundo a partir de referencias como el país donde se nace, el lugar en el que se reside, la familia y los colectivos humanos a los cuales se pertenece, las cosas que se poseen y el trabajo que se desempeña. Casi todas las señas de identidad se relacionan con grandes o pequeños espacios, lugares donde dichas referencias "están".

El *donde las cosas están* puede servir para ver cómo tejemos nuestras fibras energéticas con quienes nos rodean y con el entorno; las cosas y dónde están son enclaves de atención, alimentados con nuestra energía para mantener una cierta sensación de estabilidad y reconocimiento del momento presente.

En los últimos siglos, una gran parte de la humanidad ha pasado de tener algunas cosas a tener cientos e incluso miles de ellas, que necesitan un lugar para "estar"; la cantidad de energía y atención desplegada hacia el exterior y a lo largo del tiempo se ha multiplicado en la misma proporción en que se ha ido perdiendo plasticidad y fluidez.

Si bien este uso de la energía y la atención aportan una sensación de pertenencia y estabilidad —aunque aburrida—, también limitan la conexión con los grandes canales de la Tierra y el cosmos. Sus movimientos y transformaciones desgastan nuestra vitalidad aferrada a gente, cosas y lugares.

El siguiente ejercicio significa repasar el tejido energético[39] que hemos hilado en torno a nuestras pertenencias y los lugares que ocupan. Necesitaremos:

- una libreta
- lápices de colores
- una o dos semanas de tiempo

Recorra sistemáticamente ambiente por ambiente —recibidor, sala de estar, cocina, comedor, cuarto de baño, estudio, dormitorio, pasillos y escaleras— y el conjunto del mobiliario —vitrinas, mesas, estantes, libreros, armarios, roperos...—, observando corporalmente y registrando en el cuaderno cada cosa de nuestra pertenencia.

La observación se extenderá desde el sello o botón que guarda desde niño hasta el automóvil; desde su camisa preferida hasta el pantalón grueso que guarda por si alguna vez se decide a visitar un paisaje nevado; desde las cartas de juventud hasta los disquetes del ordenador y su contenido. Puede poner un número a cada cosa que registre en su inventario y podrá sorprenderse de la cantidad de objetos que almacenan su atención.

A medida que vaya registrando algo en el inventario, explore con atención corporal y silencio y anote el resultado de la observación: energetizante o desvitalizante. Hay que tener un cierto orden en el registro de objetos y cosas, agrupándolos por unidades temáticas o funcionales: libros, herramientas, objetos decorativos, etc... Esto ayudará a darse cuenta en qué unidades temáticas o funcionales tenemos más atención atrapada. Como en los otros ejercicios, aflorarán sentimientos que deben experimentarse.

Al comparar el resultado de las observaciones corporales, veremos la conveniencia de mantener la atención en los objetos a partir de las sensaciones energetizantes o desvitalizantes.

[39]En realidad el tejido energético diseminado en el tiempo y el espacio es más extenso que lo referido a las pertenencias: faltan los hilos que nos fijan a los lugares y a las personas.

Quizá al pensamiento le parezca que ésta es una labor absurda y sin sentido; si prosigue a pesar de sus quejas, encontrará nuevas sorpresas que darán luz sobre la incongruencia del uso energético y perceptual que sostenemos penosamente, y siendo este mismo la causa de padecimientos y frustraciones, de anhelos siempre censurados y mal resueltos con autoexplicaciones siempre externas y ajenas a nosotros.

## Conclusiones

Existen otros caminos de acercamiento al mapa energético de un lugar a través del sentir, la observación y el silencio. Sin embargo, los ejercicios de *Observación* e *Inventario de pertenencias* pueden ser el inicio del diagnóstico cualitativo de un lugar. No estamos hablado de un examen que necesariamente sea cierto o definitivo; no nos importa si es cierto, puesto que su fin no es validar el método y el resultado, sino situarnos en la posibilidad de aproximarnos a una lectura corporal del medio ambiente.

Esta aproximación sensitiva a los lugares y ambientes ayudará a vincularnos a un conocimiento que nos trasciende y que ordena los ciclos de la naturaleza, la vivienda y el cuerpo, ampliando nuestro vínculo con el universo y con nosotros mismos.

La manera de plasmar y registrar la información energética nos obligará a usar la imaginación, el arte, la poesía, la simbología... Nos forzará a ir más allá de los conocimientos adquiridos y de las referencias fundamentales que nos sostienen ante el mundo; quizás algunos incluso encuentren una manera específica y propia de proceder para armonizar su vivienda y su cuerpo. Una vez que hay conexión con los grandes canales de la naturaleza y con el impulso a descubrir y redescubrir con qué nos enfrenta la vida, los sistemas interpretativos —entre ellos el Feng Shui— adquieren la dimensión que en realidad tienen: tan sólo unos mapas que insinúan el camino de vuelta al conocimiento sin palabras y a la espontaneidad.

# 6. Reunión de datos sobre el Yin y el Yang en paisajes, entornos, ambientes y habitantes

## *Introducción*

Esta segunda gran área del diagnóstico energético se enfocará en la concepción dual del Yin y el Yang sobre paisajes, entornos, ambientes y habitantes, con el objetivo de esclarecer la presencia de estas dos cualidades de la energía en un lugar preciso.

Recordemos que Yin y Yang son conceptos simbólicos, que permiten agrupar y evaluar un sinfín de fenómenos y pautas cualitativas de energía, implicadas en los procesos y en cada aspecto del universo y de la vida:

1. El Yang, una amplia red de relaciones y fenómenos ligados al sol, el calor, la actividad, la línea recta, la aceleración, la transformación, la luz, etcétera.
2. El Yin, relacionado con la Tierra, la luna, el frío, la quietud, las formas estructurales y los ecosistemas, la oscuridad, la profundidad, etcétera.

Cuanto más desarrollemos este sistema de apreciación dual, más amplias y espontáneas serán las correlaciones que realizaremos entre estas dos fuerzas, y más fácil nos será reconocerlas en los relieves y formas de lugares, en construcciones y en el organismo.

Ya presentamos estas dos categorías de la energía como complementarias, cíclicas y relativas, en la medida en que al transcurrir el tiempo cada una se transforma en la otra. Pero en determinados tránsitos estas fuerzas pueden distanciarse, extrapolarse y confrontarse, provocando situaciones de caos, derrumbe y desestructuración; pelearán irreconciliablemente hasta modificar la naturaleza de un lugar o incluso suponer su fin: el final de una galaxia, de una estrella, temblores, terremotos, vientos huracanados, maremotos, erupciones volcánicas, etc.; temporalmente se vivirá en la fuerza de la desestabilización.

En realidad, la cooperación y desestructuración entre el Yin y el Yang son dos tendencias que caminan a la par, como por ejemplo cuando los rayos solares impactan el agua del mar: ésta se ve sometida a una desestabilización al evaporarse —con lo cual pasa a un estado más volátil y Yang que el anterior para el agua—; sin embargo, globalmente el mar tiene una estabilidad que le permite seguir siendo una fuerza Yin sin consumirse.

Yin y Yang se despliegan en dos grandes tendencias tan opuestas como complementarias:

1. El encuentro y la búsqueda de una fusión o simbiosis con la fuerza de naturaleza contraria.
2. El crecimiento y desarrollo del propio aspecto unilateral.

Del encuentro de estas dos tendencias surge un amplio abanico de presencias Yin y Yang, que en el Feng Shui se observan para representar la mezcla específica de energías en un lugar y en sus habitantes; destacan:

1. Complementariedad y alternancia, lo cual indica fortaleza y flexibilidad entre ambos aspectos Yin y Yang.
2. Desequilibrio, polarización extrema en favor de un aspecto Yin o Yang
3. Interconsumición o agotamiento del aspecto más débil por su complementario, en este caso en lucha.
4. Intertransformación o cambio de naturaleza por polarización extrema, lo que lleva a una condición de insuficiencia global de la energía.

Cuando hemos tomado conciencia del tipo de encuentro que se da entre las cualidades de la energía, podemos intervenir favoreciendo la tendencia y presencia del Yin o del Yang para crear ambientes energéticos adecuados.

Además, en este capítulo intercalaremos diversos iconos que ayuden a visualizar y representar la relación específica de las fuerzas Yin y Yang en cada situación. Los elementos claves de los iconos son:

1. La línea de equilibrio que señalará un nivel adecuado de complementariedad y armonía entre el Yin y el Yang.

2. La faceta Yin, situada a la izquierda del icono y de color más oscuro.

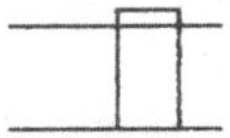

3. La faceta Yang, situada a la derecha del icono representando el principio luminoso.

Los iconos pueden representar un espectro amplísimo de relaciones entre las facetas Yin y Yang de la energía orgánica, ambiental o telúrica según sea el caso:

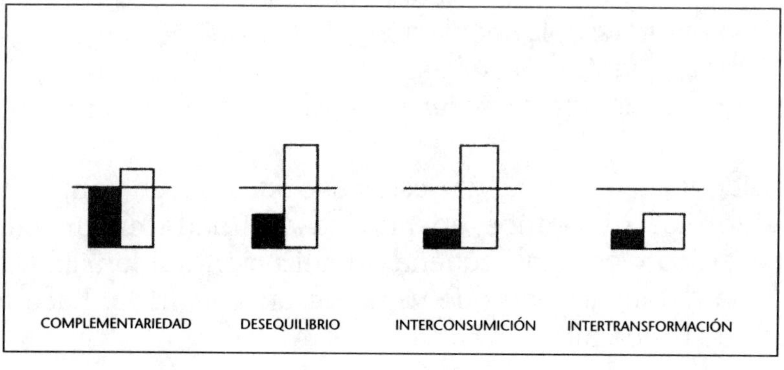

## *Tres fluctuaciones del Yin y el Yang en un lugar*

Aunque infinidad de pautas mueven las fuerzas Yin y Yang, nos concentraremos en tres grandes fluctuaciones en el tiempo, que determinan, en general, un gran paisaje energético, un entorno, un ambiente o a una persona: el aspecto dinámico, el aspecto estable y el aspecto humano.

1. Por *aspecto dinámico* entendemos la relación entre el Yin y el Yang a lo largo de un ciclo anual: Yang extremo en verano, Yin extremo en invierno, Yang templado en primavera y Yin templado en otoño; este ciclo se refiere a la energía adquirida.
2. Por *aspecto estable* entendemos una relación de alternancia de ciclo energético largo y menos veloz, relativo a la energía ancestral de un lugar. Por ejemplo, en el desierto la predominancia del Yang no variará en un año o en un siglo, aunque quizás en miles de años existió o existirá un paisaje más templado o incluso de naturaleza Yin.
3. Por *aspecto humano* entendemos el influjo de la población y el impacto de la ciencia y la técnica sobre el medio ambiente, especialmente en las ciudades modernas. En muchas situaciones este aspecto interfiere o se superpone sobre los aspectos dinámicos y estables que impulsa la naturaleza. La población, al igual que el conjunto de la vida orgánica, no sólo se adapta al medio ambiente, sino que es una parte activa y transformadora del mismo.

En el diagnóstico de un lugar estos aspectos deben conjugarse. Por ejemplo, pensemos en una casa situada en un clima semidesértico y en una pequeña urbanización. La familia no es originaria del lugar, sino que viene de un país frío y hace tres meses que reside allí.

1. El aspecto dinámico en ese momento está representado por el invierno, lo que significa que aún siendo el clima Yang extremo no está en su nivel más álgido; el Yin tiene un pequeño repunte estacional.
2. El aspecto estable es que el lugar siempre será Yang extremo, especialmente para estas personas que recientemente vivían en un paisaje Yin.
3. El aspecto humano, la familia, usa el aire acondicionado para crear en la casa un clima artificial más semejante a su lugar de origen; pero el Yin del lugar es tan escaso que podría dificultar su integración ambiental y social, puesto que no están familiarizados con el medio energético en el que se han instalado.

El diagnóstico general de un paisaje así es:

- Yang extremo o Fuego del lugar.
- Yin pequeño y suave de la estación invernal.
- La familia eleva el Yin muy por encima con el aire acondicionado, creando un microclima polarizado de naturaleza Yang extrema afuera y Yin templada adentro.

Como no hay correspondencia con el medio ambiente, estas dos fuerzas no podrán cooperar, creando dificultades e incluso padecimientos de salud a esta familia. Cada vez que salgan de su microclima, el Yang los presionará y desestabilizará haciendo que pierdan vitalidad; tampoco usarán la energía del lugar puesto que no dejan que el organismo pierda la estructura energética anterior, más proclive a mediar con el frío, sosteniendo una situación desfavorable para todas las facetas de su vida.

## *El espectro del Yin y el Yang*

Para encontrar una terminología práctica, tanto para establecer un diagnóstico del lugar como para proceder a armonizarlo, vamos a situar también cuatro grandes encuentros del Yin y el Yang, unos dotados de gran plasticidad llamados de *Complementariedad*, otros polarizados y potencialmente desvitalizadores llamados *Condición Yin* y *Condición Yang;* y finalmente la *Plenitud energética* o amplia presencia de Yin y Yang en un lugar.

### *La complementariedad*

Se refiere a situaciones en las que el Yin y el Yang tienen una amplia interacción; la danza de estas dos fuerzas no permite la polarización o el antagonismo. Por ejemplo:

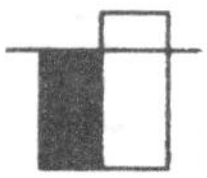

1. *Transición Yang*: el Yin se retira y el Yang surge con vitalidad, se expande y eleva como en el amanecer, la primavera y el nacimiento.

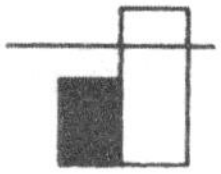

2. *Yang activo*: el Yin se va y el Yang cobra su máxima intensidad generando grandes transformaciones y agitación, como sucede al mediodía, durante el verano o en la juventud.

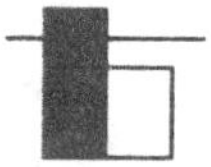

3. *Transición Yin*: el Yang se repliega hacia el interior y el Yin le releva, como en el atardecer, en el otoño o en la madurez, procesos todos ellos de gran concentración energética y resistencia.

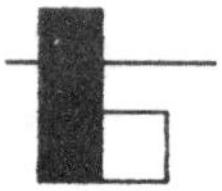

4. *Yin profundo*: el Yang descansa inactivo en el interior y el principio Yin frío y oscuro nos adentra en el final de los ciclos y procesos como en la noche, el invierno, la vejez, la profundidad, el misterio y la soledad.

Estas fases se dan en todo ciclo vital con distintas proporciones, y muestran la fluidez y fuerza de ambos aspectos Yin y Yang: cooperación, creatividad y alternancia.

Otro ejemplo de complementariedad: en un día caluroso o Yang, aunado al trabajo y la actividad, el Yang corporal se elevará creando un desequilibrio —Yang alto, Yin normal—; se apreciarán síntomas Yang en el organismo como calor, enrojecimiento de las mejillas, taquicardia e inquietud. Como el Yin corporal es vital, se manifestará para encontrar una relación más equilibrada con el Yang corporal y ambiental: sudaremos y tendremos sueño —aumento de Yin— de manera que ninguna de las fuerzas caminará hacia el antagonismo: el Yin y el Yang estarán en plenitud y habrán encontrado un nuevo equilibrio dinámico.

### *La condición Yin*

Se refiere a diversas polarizaciones en las que el Yang resulta insuficiente para controlar la intensidad del Yin:

- cuando el Yin es normal y el Yang es insuficiente
- cuando hay exceso de Yin e insuficiencia de Yang
- cuando hay insuficiencia y agotamiento del Yin y Yang

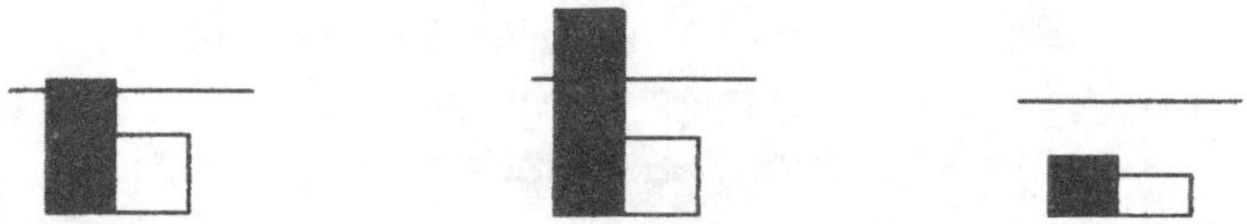

Un ejemplo de condición Yin sería: una persona que se ha agotado por un duro trabajo (su Yang se ha debilitado) en una noche fría; si no se abriga, el Yang provocará escalofríos o fiebre para contrarrestar el frío ambiental.

A medida que avance la noche, el Yang orgánico se consumirá tanto por el frío del ambiente como por el Yin corporal en plenitud, preponderando una condición Yin. La persona tendrá que recuperar el Yang abrigándose, no interrupiendo el proceso de la fiebre, tomando alimentos calientes, permaneciendo en un ambiente cálido, etcétera.

Pero pueden existir situaciones más extremas dentro de una condición Yin: en un lugar nevado, en una noche fría y sin refugio, el Yang quedará en insuficiencia rápidamente; aparecerán escalofríos y fiebre para compensar el Yin ambiental. En un intento por mantener y estimular el calor esta persona caminará, pero a medida que transcurra la noche, el agotamiento y la extenuación debilitarán el Yang corporal, mientras que el Yin frío ambiental aumentará el Yin orgánico: habrá sensación de congelamiento en las manos, pies, nariz y orejas; sentirá un frío quemante y doloroso, puesto que el Yin está *consumiendo* al Yang en extrema debilidad.

Al amanecer, esta persona tendrá un descenso general de la energía, que sólo podrá recuperar lentamente ya que la *interconsumición* debilita ambos aspectos Yin y Yang de la energía.

En conclusión, la condición Yin tiene varias profundidades, unas más debilitadoras que otras. En una persona esta condición puede ser causada por una alimentación fría, por la edad o por exposición a un medio ambiente Yin extremo.

PAISAJES ENERGÉTICOS QUE PUEDEN DESENCADENAR UNA CONDICIÓN YIN. Para diagnosticar posibles situaciones de condición Yin, hay que tener en cuenta los paisajes y entornos energéticos en climas o inviernos fríos y severos asociados con:

- la nieve y el hielo
- la humedad fría
- el viento frío
- las lluvias intensas
- la niebla
- los grandes lagos
- los ríos caudalosos
- el mar y la costa

Estos paisajes requieren cuidar el Yang orgánico, ya que permanentemente será reclamado por el medio ambiente. Para mantener una relación de complementariedad con el Yin orgánico y ambiental, necesitamos aprender a relacionarnos con el frío cuidando el Yang de la siguiente manera:

- Ingiriendo alimentos no crudos y con procesos de cocción lenta que aporten Yang.
- Usando ropa adecuada para regular la temperatura corporal.
- Encontrando un movimiento y esfuerzo físico propio, evitando el sudor, el cansancio o la extenuación.
- Manteniendo un ánimo alegre y entusiasta que retenga el Yang.

Una actitud descuidada con el Yang podría llevarnos con mucha facilidad a situaciones de polarización, interconsumición y debilitamiento general de la energía.

Cuando estos elementos se asocian con *relieves que pueden dispersar la energía* —llanos, planicies y pedregales sometidos a la presencia del viento—, nos encontraremos ante una presión que podría debilitar tanto al Yin como al Yang orgánico.

VIVIENDAS Y AMBIENTES ENERGÉTICOS QUE PUEDEN PROVOCAR UNA CONDICIÓN YIN. En toda vivienda o construcción —aunque podamos crear un microclima que cuide el Yang regulando la temperatura— existe la influencia directa de la energía ancestral terrestre que puede ser de naturaleza Yin extrema, afectando y drenando nuestro calor orgánico en lugares de exposición prolongada como un dormitorio o un estudio.

En este caso es necesario observar la naturaleza de la energía del subsuelo para no exponernos a polarizar nuestro cuerpo energético, al estar sometidos a una fractura o falla terrestre, a la presencia de minerales de naturaleza Yin o a la presión de una corriente de agua subterránea.

### *Métodos de detección de una influencia Yin terrestre*

Es necesario observar si:

- Las paredes guardan humedad y no se debe a fugas en tuberías.
- La humedad está asociada a grietas en los muros principales y sabemos que no es debido a una deficiencia estructural del edificio o a una posible actividad sísmica.
- El ambiente es permanentemente frío aunque el día sea caluroso.

En relación con los ocupantes, una condición Yin puede provocar o amplificar los siguientes síntomas:

- ganas de orinar con mucha frecuencia durante el día y la noche (la orina es abundante y clara)
- pesadillas recurrentes
- agotamiento al despertar
- falta de vitalidad general
- estados depresivos crónicos, apatía y desinterés por la vida
- digestiones largas y pesadas, especialmente en la noche (siempre que la ingestión de alimentos haya sido normal o moderada)
- tez blanquecina, pálida o mate
- ojeras o bolsas oscuras bajo los ojos

La condición Yin ambiental y orgánica puede verse empeorada:

- cuando los materiales de la vivienda son de naturaleza Yin: piedra, mármol, metales...
- por la oscuridad, los colores grises, blancos, negros o azules marinos
- por la presencia de peceras, fuentes, agua almacenada o pozos
- cuando la vivienda y su puerta principal están orientadas hacia el norte o el oeste
- por el abuso de la calefacción —calor intenso interior y frío exterior—: el Yang orgánico no podrá ir a profundidad y será drenado por el frío estacional

### *Ejercicio: percibiendo el suelo condición Yin*

Para determinar una condición Yin ambiental, será importante conocer la naturaleza del subsuelo. Para esto realizaremos algún ejercicio de sensibilización y silencio interior que nos acerque a la conciencia corporal.

Llevaremos a cabo la exploración en un día templado (no sería muy fiable en un día frío). Nos descalzaremos, ya que en la planta de los pies tenemos un centro energético que nos conecta con la Tierra y con nuestra energía ancestral.[40]

Funcionará mejor si despejamos la habitación y caminamos calmadamente con toda la atención en la planta de los pies; a través de las sensaciones evaluaremos el Yin del lugar.

Si es una zona de condición Yin podremos sentir:

- Frío intenso en los pies; las personas que tienen un Yin orgánico elevado notarán cómo rápidamente el frío se "hunde" hasta los huesos.
- Visualización de colores oscuros.
- Sensaciones de agotamiento y somnolencia.
- Pesadez de cabeza, densidad o poca agilidad en el pensamiento.
- Incluso algunos puntos puede llegar a provocar un miedo indeterminado.

Surgirán una amplia gama de sensaciones y datos, que se deben ir definiendo como Yin y Yang. Cuando encontramos una zona Yin extrema, hay que eludirla sobre todo como lugar de descanso y permanencia prolongada: los dormitorios deben estar en ambientes globales Yin profundos, pero la cama debe evitar zonas de condición Yin que debilitarían el calor orgánico.

Si hacemos cambios dentro de un dormitorio, podremos corroborar en los días sucesivos si hubo mejoría en el descanso,

[40]Es el punto señalado por la nomenclatura de acupuntura como el 1 de riñón.

la vitalidad y el estado anímico. Si no es así, hay que profundizar en las observaciones hasta encontrar el lugar adecuado para cadaquien.

Algunas viviendas pueden tener una condición fría global, lo cual entraña el riesgo de una desvitalización a corto o mediano plazo.

Resumiendo: la condición Yin indica una deficiencia del Yang ambiental para mantener una relación de *complementariedad* con su contraparte, el Yin. Una condición Yin ambiental (frío severo), puede debilitar el Yang orgánico, provocando una polarización energética con síntomas o enfermedades que se agravan con el frío. Se debe determinar la influencia del subsuelo en los ambientes de exposiciones prolongadas. Finalmente, es necesario regular adecuadamente la temperatura corporal mediante ropa de abrigo, una alimentación no cruda ni fría y cuidar del Yang con un uso razonable de la calefacción ayudando a crear un ambiente templado pero no extremadamente cálido.

## *La condición Yang*

Se refiere a diversos estados polarizados de la energía en los que el Yin es insuficiente para controlar la potencia del Yang:

- cuando el Yang es normal y el Yin deficiente
- cuando hay aumento de Yang y deficiencia de Yin

Si nos encontramos en un lugar donde el calor ambiental es excesivo, tendremos una respuesta del Yin corporal con sudor y somnolencia. Si el calor persiste o se incrementa y no tomamos precauciones, el Yin y los líquidos corporales se agotarán, serán consumidos por el ambiente, provocando cansancio y sequedad en la piel: una condición Yang.

Si no aportamos Yin bebiendo o descansando en una sombra, seguirá la interconsumición del Yin por el calor en exceso, afectando la piel con síntomas de quemazón, quemaduras y deshidratación.

Si el Yang sigue aumentando agotará el Yin orgánico y se producirá una intertransformación: del Yang en exceso surgirá el Yin, pero el resultado será una debilidad general de la energía.

PAISAJES ENERGÉTICOS QUE PUEDEN DESENCADENAR UNA CONDICIÓN YANG. Debemos tener en cuenta los climas o veranos calurosos y extremos asociados con:

- lugares donde se percibe calor asociado a sequedad, viento o humedad
- lugares cálidos donde confluye un relieve montañoso con varias aristas
- altas montañas y cordilleras con formas triangulares o valles delimitados por estas formaciones
- zonas áridas, semidesérticas y desérticas
- zonas volcánicas
- acantilados

Los paisajes que aceleran la energía y las ciudades modernas se clasificarían como paisajes de condición Yang.

En este tipo de paisajes, situados en zonas climáticas calurosas con veranos extremos, los habitantes necesitan utilizar cuidadosamente el Yin, que será reclamado permanentemente por el medio ambiente para compensar las altas temperaturas. Es necesario aprender a relacionarse con el Yang pleno sin agotar el Yin, por medio de:

- una alimentación templada y fresca (con vegetales y poca carne)
- un aporte adecuado de líquidos y minerales
- un trabajo y esfuerzo moderados, descansando al mediodía (para no agotar el Yin y los líquidos orgánicos) en las horas de plenitud del Yang
- construcciones vinculadas a la Tierra y al Yin (pocas ventanas, materiales como la piedra o el barro), zonas de sombra, fuentes internas...

- manteniendo un ánimo tranquilo, sereno y profundo que retenga el Yin
- usando ropa de algodón o fibras naturales para favorecer la transpiración, evitando tejidos sintéticos que podrían entorpecer esta función reguladora de la piel en la temperatura corporal

Una actitud descuidada con el Yin podría llevarnos con facilidad a procesos de interconsumición o intertransformación debilitando la energía en general.

VIVIENDAS Y AMBIENTES QUE PUEDEN PROVOCAR UNA CONDICIÓN YANG. Habrá que tener en cuenta la naturaleza Yang extrema de algunas emanaciones telúricas, que aun no siendo tan frecuentes como la cualidad fría de la energía ancestral terrestre, pueden encontrarse en puntos específicos siendo muy intensas para el organismo, como por ejemplo: una falla geológica, una diaclasa o fisura por donde se canalizan las fuerzas Yang terrestres. En este caso, los habitantes estarían expuestos a un debilitamiento de sus líquidos corporales y del Yin orgánico.

MÉTODOS DE DETECCIÓN DE UNA INFLUENCIA YANG TERRESTRE. Lo identificamos al observar que:

- el ambiente interior es intensamente caluroso a pesar de las oscilaciones climáticas, incluso en las noches
- el aire se siente seco y difícil de respirar
- hay humedad y calor excesivo[41]

[41]Calor y humedad, así como otras influencias como la ubicación en una zona granítica o la presencia de rocas del subsuelo que contienen minerales radiactivos, han sido señalados por los geobiólogos como paisajes que acompañan al gas radón, el cual asciende a la superficie terrestre por las venas de agua subterránea y las fallas terrestres. La confluencia de estos elementos con otros factores puede desencadenar una condición Yang en los habitantes.

En relación con los habitantes de una vivienda, una condición Yang del lugar puede provocar o agravar los siguientes síntomas:

- sudoración nocturna
- insomnio
- pesadillas de violencia o agresión
- cefaleas y presión en las sienes
- vértigos
- taquicardia
- inquietud
- cambios bruscos en el estado de ánimo
- pérdida de peso, adelgazamiento
- dificultad respiratoria
- dolores agudos o erráticos

La condición Yang ambiental y orgánica, puede empeorar en las siguientes situaciones:

- Por el uso de materiales como hormigón armado o concreto, granito, rocas volcánicas y algunos tipos de cerámica, vidrios y mosaicos.
- En construcciones demasiado ligeras, por el uso de materiales concentradores o amplificadores del calor, tales como grandes ventanales de cristal o láminas metálicas.
- Por el uso abundante de colores Yang como el rojo, anaranjado o verde fuerte.
- Por la modificación artificial de la temperatura: el frío en verano debilita al Yin orgánico, que al situarse en la piel y no en la profundidad se pierde al enfrentar el calor ambiental.

### *Ejercicio: percibiendo el suelo condición Yang*

Para lograr un acercamiento sensitivo al lugar donde duerme o donde tenga exposiciones prolongadas, puede utilizar elementos que ya conoce, como la oscuridad o el vendarse los ojos y caminar con los pies descalzos. Hágalo lentamente, percibiendo cada espacio de la habitación. Preste atención especial a aquellos puntos que le provoquen:

- calor excesivo (las personas con un Yang orgánico en plenitud percibirán rápidamente el calor y una intensificación de sus síntomas)
- visualización de colores Yang como el rojo o el anaranjado
- sudoración abundante
- mareo, vértigo, punzadas en la sien
- sensación indeterminada de agresión o ataque

Hay que eludir los puntos o zonas Yang extremas para dormir, situando la cama en un lugar que provoque una sensación de bienestar para tener un sueño reparador y mantener un buen nivel energético durante el día.

Resumiendo: la condición Yang indica una deficiencia del Yin ambiental para mantener una relación de complementariedad con un Yang en plenitud. Una condición Yang ambiental (calor severo) puede debilitar el Yin orgánico, provocando una polarización energética con síntomas o enfermedades que se agravan con el calor. Se debe determinar la influencia Yang del subsuelo en los ambientes de exposiciones prolongadas. Finalmente, es necesario regular adecuadamente la temperatura corporal para mantener al Yin en la profundidad y al Yang en la superficie.

### *La plenitud energética*

Se refiere a zonas y lugares que poseen una alta presencia de energía Yin y Yang celeste y telúrica. Estos lugares pueden ser:

- grutas o cavidades
- montañas

- arboledas centenarias
- cascadas
- manantiales y aguas termales
- zonas con abundantes minerales
- zonas volcánicas
- zonas desérticas
- selvas, etcétera

Muchos de estos lugares eran venerados o visitados por los antepasados y las antiguas culturas para conseguir estados acrecentados de conciencia. Se conocen por ciertas tradiciones o leyendas; algunos tienen ermitas u otras construcciones religiosas que en muchos casos sustituyeron a otras de origen pagano. Las leyendas que trascienden la realidad cotidiana nacieron bajo el fuerte influjo energético de estos lugares sobre la naturaleza energética de los visitantes. Cualquier pequeño enlace de atención con la vitalidad del lugar puede provocar percepciones desacostumbradas.

En general, estos lugares, a pesar de tener una presencia muy intensa de energía Yin y Yang, pueden presentar una relación de complementariedad; en otras ocasiones estas dos fuerzas están polarizadas: un lugar con una intensa presencia de Yin o una captación inusual de energía cósmica.

Aunque no es muy común, eventualmente una vivienda podría estar cerca o sobre algún punto de intensidad energética, haciendo notar sus efectos.

## *El Yin y el Yang en los habitantes*

Un último apartado del diagnóstico sobre aspectos Yin y Yang relacionará a los habitantes de un lugar con el medio ambiente energético; para la medicina china los seres humanos se dividen en dos grandes tendencias energéticas relativas:

1. Los Yin, cuya naturaleza les da una perspectiva de globalidad sobre las cosas y se expresa en la formación y participación de relaciones y ecosistemas; estas personas están ligadas con intensidad a la energía de la Tierra, la intuición, y la realidad espacial. Las mujeres en general tienen una mayor dotación de energía Yin terrestre.
2. Los Yang, cuya tendencia principal es transcender los sistemas y lo establecido, generar cambios e incluso provocar rupturas; estas personas están más ligadas a la energía celeste y solar, y a la planificación del tiempo. En general, los hombres tienen una dotación superior de esta energía.

Conviene aclarar que no sólo estamos hablando de una división sexual de la energía entre hombres y mujeres; para el taoísmo todo ser humano tiene facetas masculinas y femeninas que deben ser incorporadas al quehacer cotidiano, simplemente porque a veces hay que integrar, cuidar, intuir y desarrollar, y para eso es mejor nuestra naturaleza Yin; y en otras ocasiones hay que trascender, concluir, proyectarse o transgredir los límites de lo cotidiano y para ello necesitaremos activar nuestra faceta Yang.

Sin embargo, hay hombres y mujeres con un mayor desarrollo de su energía Yang o viceversa. Estas proporciones se irán modificando debido a la exploración de las mismas facetas, a la interacción con el medio ambiente y al transcurso de la edad y el tiempo.

## *Ejercicio: naturaleza energética personal (tendencia dominante)*

¿Cómo podemos distinguir cuál es nuestra configuración general de la energía? Al señalar en cada columna los aspectos que se corresponden con sus rasgos principales en carácter, psicología, fisiología y preferencias obtendrá la tendencia principal Yin o Yang de su naturaleza energética:[42]

[42]En la medicina china existe un conjunto de técnicas para diagnósticar el entramado energético de un organismo, entre las que destacan: la auscultación, la pulsología, el examen de puntos sensibles, las zonas reflejas, la coloración, la olfación...

| YIN | YANG |
| --- | --- |
| tez mate y blanquecina | tez brillante y roja |
| abundante cabello | calvicie |
| poca barba | mucha barba |
| ojos cansados | ojos vivaces |
| apático | hiperactivo, excitable |
| fatigado | tónico |
| habla poco y bajo | habla mucho y fuerte |
| obeso | delgado |
| anciano | joven |
| tímido | extravertido |
| mirada fija y huidiza | mirada móvil y sostenida |
| no le gusta la luz | le gusta la luz |
| le gusta la noche | no le gusta la noche |
| le gusta el interior | le gusta el exterior |
| conservacionista | aventurero |
| rechaza la carne | le gusta la carne |
| prefiere la calma | le gusta el ruido y la actividad |
| le gusta lo manual | le gusta lo intelectual |
| intuitivo | analítico |
| sensible | agresivo |
| exceso de salivación | poca salivación |
| suda mucho | suda poco |
| duerme mucho | duerme poco |
| somnoliento | insomne |
| reglas abundantes | reglas escasas |
| mejora en verano | mejora en invierno |
| le gusta el calor | le gusta el frío |

1. Si en el conjunto de señales hay un número similar de rasgos en ambas columnas, esto indicará que el Yin y el Yang tienen una relación de complementariedad y alternancia.
2. Si hay una columna que destaque sobre la otra, la tendencia general de la energía será Yin o Yang, lo cual indicará la ventaja relativa de un aspecto.

3. Si una columna queda prácticamente excluida estaremos hablando de una condición polarizada de la energía.

A las personas que tienen un equilibrio relativo de rasgos Yin y Yang se les presupone mayor capacidad de adaptabilidad a los distintos ambientes y lugares, sean estos de naturaleza Yin, Yang o de plenitud energética. Las personas cuya energía Yin está polarizada se verán mejoradas eventualmente por una condición Yang ambiental, mientras que las Yang se verán estimuladas por una condición Yin ambiental. En cualquier caso, ninguna de las tres posiciones agota la posibilidad de adquirir mayor fluidez e intensidad vital.

## Condiciones polarizadas de la energía orgánica

### *Condición Yin orgánica*

La persona se ve influida por un exceso de energía Yin con síntomas como:

- pasividad
- falta de apetito
- estreñimiento
- problemas de circulación
- carácter tímido e introvertido
- depresión

- piel y temperatura corporal fría
- empeoramiento con el frío
- palidez excesiva
- lengua pálida y blanca
- orina clara y abundante
- edema (retención de líquidos corporales)

- agravamiento de los síntomas durante la noche
- mejoramiento durante el día
- ciclos menstruales largos

- cronicidad de los padecimientos
- dolor antiguo, profundo, sordo, difuso; mejora con la presión, el movimiento y el calor
- afecciones del vientre, los órganos abdominales, la sangre y los huesos

- tendencia hacia un déficit general de energía

Las personas que padecen una condición Yin, pueden:

1. Ver agravados sus síntomas ante una condición Yin ambiental o telúrica, por el invierno, el frío, la humedad y las horas de noche.
2. Experimentar mejoría ante una condición Yang ambiental y telúrica, por el verano, el calor, la sequedad y las horas del día.

### *Condición Yang orgánica*

Las personas con exceso de energía Yang y calor pueden presentar síntomas como:

- hiperactividad
- taquicardia
- habla profusa y rápida
- extraversión
- piel enrojecida y cuerpo caliente
- empeoramiento con el calor
- mucosidades con pus y sangre
- lengua roja

- poca orina y oscura
- mucha sed
- cefaleas

- intensificación de síntomas durante el día
- mejoramiento en la noche
- ciclos menstruales cortos

- síntomas agudos y de aparición fulminante
- dolor reciente, superficial, punzante, localizado, intermitente; empeora con la presión, el movimiento y el calor
- afecciones de la piel, la espalda, las extremidades, los órganos torácicos y la cabeza

Las personas que padecen una condición Yang pueden:

1. Ver agravados sus síntomas ante una condición Yang ambiental o telúrica, por el verano, el calor, la sequedad y las horas del día.
2. Experimentar mejoría ante una condición Yin ambiental y telúrica, por el invierno, el frío y las horas de la noche.

# 7. Sincronicidad entre movimientos y ciclos de la naturaleza, vivienda y sus habitantes

## *Introducción*

En esta última área del diagnóstico energético de un lugar observaremos la relación específica de una vivienda o espacio con los ciclos naturales, sobre todo con el transcurso del ciclo estacional reflejado en Las Cinco Transformaciones.

Este sistema holonómico comprende los cuatro grandes movimientos estacionales en el transcurso de 365 días, regulados por el cuerpo energético de la Tierra. Cada fase o movimiento de Las Cinco Transformaciones recibe un nombre simbólico que, al igual que el Yin y el Yang, nos permite agrupar un sinfín de procesos y fenómenos naturales: Madera-primavera, Fuego-verano, Tierra-tránsitos interestacionales, Metal-otoño y Agua-invierno. Los diversos fenómenos asociados a cada fase o movimiento se correlacionaron mediante la constante observación de los procesos naturales y su influencia en diversos planos.

Las cinco fases o movimientos cíclicos están reguladas por dos tendencias o fuerzas:

1. Una fuerza o tendencia generativa, por medio de la cual la fase Madera, al llegar a su plenitud, crea las condicio-

nes para la llegada de la fase Fuego; el Fuego genera la Tierra; la Tierra el Metal y éste el Agua para iniciar un nuevo movimiento en Madera. Ésta es una fuerza terrestre Yin, que tiende a armonizar todas las fases dentro de unas pautas universales.

2. Otra fuerza o tendencia de control o poder, por medio de la cual las fases de naturaleza opuesta o extrema se mantienen a distancia: así el Agua pone distancia con el Fuego; el Fuego con el Metal; el Metal con la Madera; la Madera con la Tierra y ésta con el Agua. Esta fuerza es lineal, es Yang, agresiva y desestructuradora.

Generación y control son dos fuerzas que funcionan e interaccionan a la vez, creando una tensión dinámica que permite la unidad, pero a la vez la transformación y la trascendencia. Dichas fuerzas se encuentran en todos los aspectos del universo, desde los átomos a las galaxias, desde los grandes fenómenos de la naturaleza al cuerpo humano, desde los grandes paisajes energéticos hasta las casas y construcciones.

En diferentes capítulos se ha presentado un amplio conjunto de pautas cíclicas que a continuación agruparemos en cada fase, relacionando los paisajes de energía con el organismo y la vivienda.

La presencia adecuada de cada movimiento en una casa o lugar de trabajo ayudará a sincronizarnos con los grandes canales de la Tierra y el cosmos; por el contrario, un bloqueo en una fase, una insuficiencia o una excesiva plenitud trastornarán nuestra salud, vitalidad e iniciativa.

## *Movimiento Madera*

El movimiento madera se inicia en los primeros días de febrero, cuando la fuerza máxima del invierno ha culminado y se puede intuir una inflexión del Yin extremo en retirada; el viento, algunas insinuaciones en las plantas y el aroma de la Tierra, unos rayos de sol tenuemente templados o una brisa suave son indicios de que la energía de Madera se ha activado.

A lo largo de febrero, marzo y abril, la fuerza de la energía de la primavera se desplegará con un calor suave, se elevará y se expandirá, haciéndose visible a través de los árboles, la hierba, las plantas, semillas y hojas en el renacer del mundo vegetal; los animales tendrán una presencia más activa disipando la sensación de quietud y soledad que acompañó al frío invierno.

Este impulso alcanzará a las personas, facilitando la exteriorización, la movilización y la presencia de nuevos propósitos y anhelos.

Los grandes canales de la primavera favorecen la ascensión, extensión y elevación del Yang suave de la Tierra, y la movilización general de la naturaleza mediante un clima templado.

La energía de este movimiento activa un conjunto de funciones fisiológicas encomendando el papel coordinador de la actividad del organismo al sistema energético que comprende al hígado y la vesícula biliar, renovando la sangre y el sistema muscular. Los tendones alcanzan su plenitud a través del movimiento suave y espontáneo, se afina la vista a través del retorno del color, del influjo del viento y las lágrimas.

En el mundo de los pensamientos, la energía de Madera favorece la toma de decisiones, la renovación, la capacidad de reinventar la visión del mundo y de uno mismo y de sostenerla tenazmente; si la presión de esta energía es excesiva, podría provocar reacciones coléricas e iracundas en las personas.

Enlazamos los canales energéticos de hígado y vesícula biliar con los grandes canales de la naturaleza, a través de las direcciones cardinales del este y sureste, de los bosques y arboledas extensas, del viento, del color verde y del sabor ácido de los alimentos.

### *Ambientes del movimiento Madera*

El movimiento Madera se relaciona con:

- el recibidor
- la sala de estar
- la electricidad[43]
- los aparatos como la televisión y el video[44]
- las ventanas orientadas al este al amanecer
- los muebles de madera
- el uso de madera como material de construcción o decoración
- las plantas y el jardín
- las formas rectangulares
- el color verde o azul celeste
- las obras de arte ligadas a la naturaleza (evocadoras del amanecer y de la primavera)
- la calidez que se puede conseguir a través de la decoración y el color
- el contacto con el amanecer, especialmente en los días de primavera
- nuestros mayores, familiares, maestros...
- los objetos y recuerdos de nuestros padres, abuelos y antepasados

## *Actividades del movimiento Madera*

- la toma de decisiones
- la gestión de bienes materiales y económicos
- la salud

Si en un lugar falta la conexión con el movimiento Madera será difícil decidir un nuevo comienzo, renovarse, administrar recursos propios o ajenos, y la vitalidad, en general, se verá disminuida.

[43] El movimiento Madera tiene dos acepciones simbólicas: Viento y Trueno; es conforme a esta última —el trueno como descarga eléctrica celeste sobre la Tierra— que relacionamos las conducciones e instalaciones eléctricas con la fase Madera.

[44] Ya que la conexión es visual, y los ojos se regulan por los canales hígado y vesícula biliar en la fase Madera.

Un antiguo texto de Medicina China, el *Huang Di Nei Jing-Su Wen,*[45] señala que en primavera es deseable dormir tarde para eludir las horas de máximo Yin (antes de la medianoche) y levantarse temprano para movilizar el Yang; dar un paseo, relajarse y disfrutar de la vida. Son recomendaciones encaminadas a despertar el calor suave, en un periodo de tránsito hacia la exteriorización de un nuevo ciclo que desde febrero a julio, estará marcado por el paulatino incremento del Yang ambiental.

## *Movimiento Fuego*

Esta fase se inicia en los primeros días de mayo y se extiende hasta finales de julio y principios de agosto. Es el movimiento del Yang extremo: calor, expansión, procesos rápidos y acelerados y grandes transformaciones. En la naturaleza se percibe como el incremento de la temperatura; el calor a veces se asociará con la sequedad, a veces con la humedad o el viento. Los tonos anaranjados y rojizos cubrirán los parajes naturales, mientras la fuerza Yin se ha replegado a la profundidad de la Tierra.

La energía Fuego del verano, a través de los sistemas energéticos corazón-intestino delgado y maestro del corazón-triple calentador activan y le dan un papel preponderante al sistema vascular, a la circulación sanguínea y a las glándulas sudoríparas, como reguladores de la temperatura corporal y distribuidores de principios nutrientes del organismo; a través de la sangre y el aumento de la energía calorífica ambiental, el cuerpo vive procesos acelerados de renovación y regeneración.

En lo que se refiere a la mente y al conocimiento, la fase Fuego tiene que ver con la intuición y con el "Conocimiento del Corazón" que los taoístas identificaban como la energía Shen. Esta quintaesencia de la energía y la conciencia deviene al des-

[45]Ed. Mandala, pág. 37

plegar las capas más profundas de la energía ancestral —Yin terrestre— y mezclarlas con el Yang celeste en el conjunto de canales y haces energéticos del organismo.

### *Ambientes del movimiento Fuego*

El movimiento fuego tiene que ver con:

- las interrelaciones entre los habitantes y su mundo interno
- la puerta principal, sobre todo con orientaciones al sur, sureste o este
- las amplias ventanas con cristales, especialmente si están orientadas al sur
- los fuegos de la cocina
- la calidez de la temperatura ambiental natural y los sistemas calefactores
- la circulación energética por pasillos y corredores
- los tejados
- las plantas y árboles altos, rectilíneos, con tonos rojos y anaranjados
- las obras de arte ligeras, innovadoras, vivas, intensas
- las formas triangulares y lineales
- el color rojo
- el mediodía (si el sol tiene presencia en el lugar a esa hora)
- el área diurna de una vivienda

### *Actividades del movimiento Fuego*

- el dinamismo
- la rapidez
- la proyección
- la coordinación

Si un espacio carece de la influencia Fuego todo se volverá lento, volcado hacia sí mismo, confuso.

El *Huang Di Nei Jing-Su Wen* menciona que el verano es el tiempo en que las cosas se tornan floridas y bellas; es deseable acostarse y levantarse temprano, gustar de la luz solar, sudar, exteriorizar, volcarse hacia el mundo exterior y no enfadarse. Éste es el modo de alimentar la vida en respuesta al verano.

## Movimiento Tierra

La Tierra es un movimiento interestacional, pero también es un gran cuerpo cósmico: el centro de la humanidad y del conjunto de la vida planetaria. La Tierra regula las transiciones evitando la confrontación de fuerzas de naturaleza diferente. Favorece la cooperación entre todos los elementos de un ecosistema, ya que no privilegia ni opta por algún aspecto en particular. Con fresca humedad la Tierra alimenta todas las formas de vida, dándoles estabilidad y estructura, relacionándolas con el entorno, equilibrándolas.

De este modo, ejerce una influencia preponderante en cuatro tránsitos estacionales:

- Del invierno a la primavera, en los últimos días de enero y los primeros de febrero.
- De la primavera al verano, en los últimos días de abril y los primeros de mayo.
- Del verano al otoño, en los últimos días de julio y los primeros de agosto.
- Del otoño al invierno, en los últimos días de octubre y los primeros de noviembre.

El enlace con los canales terrestres se obtiene por el centro, por el contacto del organismo con el suelo a través de sus "puertas energéticas" y por la orientación hacia el suroeste y el noreste.

La tendencia general de la energía terrestre es hacia adentro, descendente, y progresa a través de las dimensiones espaciales. A la Tierra la acompañan lo simple, lo sencillo, lo espontáneo y lo diverso.

En relación con el organismo y su fisiología, sostiene la conexión con la energía adquirida a través de los alimentos mediante los centros energéticos del bazo, el páncreas y el estómago; la Tierra como energía que da la forma y los moldes se expresa en el cuerpo humano a través del tejido conjuntivo y las fascias; también se relaciona con el sistema linfático, con la boca, los labios, la saliva y el sentido del gusto, así como con el proceso digestivo.

En la naturaleza de la energía terrestre está implícito el acto de crear, de dar vida y sostenerla, imagen del gran arquetipo materno. En ese sentido también está especialmente relacionada con el aparato sexual femenino, el útero, la facultad de concebir y alimentar una vida incipiente hasta darle autonomía.

Los antiguos médicos chinos asimilaron a esta agrupación energética de bazo y estómago —y su conexión terrestre— con la facultad de la reflexión sencilla, lúcida, centrada y madura. Cuando hay alteraciones en estos centros energéticos deviene la obsesión, la confusión y el estancamiento.

### *Ambientes del movimiento Tierra*

El movimiento Tierra tiene que ver con:

- la abundante circulación de energía vital en el interior de la casa o lugar de trabajo
- la regulación de los diferentes ambientes de una vivienda la cocina y el comedor
- las formas cuadradas
- los muebles que reciben al cuerpo y le recuerdan la posición fetal: sillones, sofás, camas, cojines y almohadones

- las plantas y árboles bajos con flores amarillas
- los diversos tonos del color amarillo
- las obras de arte relacionadas con el arquetipo maternal, elaboradas con materiales terrestres y de formas que sugieran estabilidad. También con evocaciones de la temporada de recolección y cosecha en la naturaleza, así como de los procesos relacionados con la alimentación
- la tierra que puede estar en el interior de la vivienda en macetas, jarrones y objetos de arcilla
- las especias y plantas aromáticas con que condimentamos los alimentos, y suelen encontrarse en la cocina
- los platos, recipientes y en general todo lo que usamos para contener y presentar los alimentos ya cocinados
- la sensación global de protección y bienestar que se consigue en una vivienda

### *Actividades del movimiento Tierra*

- la cooperación
- el establecimiento de relaciones
- la creatividad
- la adaptación a los procesos de cambio

El movimiento Tierra tendrá una grave perturbación cuando el cuarto de baño esté situado en el centro de la casa, obstaculizando la estabilidad y cooperación entre sus habitantes.

## ***Movimiento Metal***

Este movimiento se inicia a principios de agosto y se despliega hasta los primeros días de noviembre. En el Feng Shui, el movimiento Metal tiene dos acepciones: el Cielo y el Lago.

1. El Cielo como la energía que da la fortaleza y la resistencia, desplegándose hacia adelante a través del tiempo. Su forma es redonda, su dirección espacial es "arriba" —todas las influencias celestes— y el noroeste.
2. El Lago como una energía que aporta la alegría tranquila de transitar hacia un movimiento introspectivo de la naturaleza, hacia una fase Yin: suavidad afuera, fortaleza adentro. Su tendencia es contractiva, hacia la profundidad, donde la visión egóica del mundo tiende a disiparse; su fuerza se encuentra en el atardecer.

El movimiento Metal está relacionado en el organismo con los centros energéticos de los pulmones, la piel, la nariz, con el intercambio interior-exterior y con el intestino grueso o "gran eliminador" —como se conoce en medicina china—, ya que separa las últimas facetas de la energía que se añadirán a las capas defensivas del cuerpo, desechando y expulsando lo que ya no es útil al organismo.

Conforme se adentra el otoño aparece la tristeza, que no es considerada como sentimiento perturbador, sino como una transición momentánea que nos permite ver el mundo con desapego, con la clara sensación de que todo es efímero y transitorio, y nosotros también; sin embargo, también hay alegría pues nos encaminamos hacia las puertas del misterio, del interior, de lo oscuro, del conocimiento antiguo; esto hace que tristeza y alegría formen una unidad perceptual que no provoca perturbación ni depresión.

## *Ambientes del movimiento Metal*

El movimiento Metal se relaciona con:

- los cuartos de baño, que son el símil del intestino grueso
- los drenajes de agua sucia

- la permeabilidad o porosidad de los materiales de construcción
- la correcta ventilación de las habitaciones y espacios de la casa
- el color blanco
- las formas redondas y esféricas
- el tono Yin suave de algunas salas de estudio
- la energía defensiva de la construcción o la capacidad de mantener ambientes templados en el interior mientras pueden ser extremos en el exterior (aislamiento térmico y sonoro)
- la conexión con el atardecer en el horizonte, hacia el oeste
- las ventanas orientadas hacia el oeste y noroeste
- la posibilidad de aislarse y ensimismarse en algunos espacios de la casa
- los objetos de arte cuya base es el metal, con motivos inspirados en el otoño o los colores de esa estación

### *Actividades del movimiento Metal*

- el altruismo, la filantropía, la dedicación a una causa sin esperar nada a cambio
- la inspiración o creatividad
- la captación de señales primarias de procedencia celeste, tal como lo hacían nuestros antepasados buscando signos, señales o augurios en las estrellas u otros aspectos de la naturaleza

## ***Movimiento Agua***

Este movimiento se inicia a principios de noviembre y se extiende hasta los últimos días de enero y primeros de febrero. El

Agua es el movimiento energético que concentra más Yin en los cambios estacionales, y su energía es descendente: comprime, solidifica, concentra y recoge.

Cuando inicia el invierno, el Yang se ha retirado hacia la profundidad de la Tierra y del organismo. El *Huang Di Nei Jin-Su Wen* dice: "Los tres meses de invierno son el periodo en que todo está cerrado y guardado. El agua se hiela y la Tierra se agrieta, de modo que el Yang permanece aletargado para no ser molestado".

El movimiento Agua tiene también la capacidad de desestructurar lo más rígido y duro, como el hielo que busca los resquicios entre las rocas y al crecer las rompe; para los taoístas esta energía simplifica las cosas, termina con los formalismos y las normas, separa la esencia de lo superfluo, pues ante el frío uno sólo puede sostenerse con fluidez y una reserva de calor orgánico. Si no hay fluidez, flexibilidad, vitalidad y un uso adecuado de la energía, deviene la muerte.[46]

La energía del invierno no solamente significa muerte como punto final, sino pequeñas muertes o transformaciones, experiencia predecesora de toda renovación que vendrá en primavera. Si no somos capaces de ponernos al alcance de esta fase nos será muy difícil enfrentar los cambios a lo largo de la vida.

El Agua se extiende a través del organismo por los canales principales de la vejiga y el riñón; sin embargo este es un aspecto parcial de su energía, pues la mayor parte se alberga en otra agrupación energética: los Vasos Curiosos; también es la responsable de la formación del cerebro, la médula, el útero, los huesos, las glándulas sexuales y los trayectos energéticos, que los médicos chinos definieron como órganos o entrañas curiosas.

La energía del Agua tiene que ver con el miedo como estado de alerta y globalización de la atención; cuando el miedo se transforma en pánico paralizante esta fase energética está perturbada. El miedo es lo que permite adentrarse sin peligro en lo

[46]La gran mayoría de los ancianos resienten los inviernos y el frío.

desconocido, en la oscuridad, el misterio, la soledad y la disolución de lo rígido que representa la energía del invierno.

### *Los ambientes del movimiento Agua*

El movimiento Agua tiene que ver con:

- la energía terrestre del subsuelo o energía ancestral
- las estructuras: cimientos, pilares, vigas y muros de contención
- las tuberías de agua
- los depósitos de agua
- las piscinas
- el frío ambiental
- la oscuridad y la penumbra
- los dormitorios y la sala de estudio
- la cama
- el color negro o azul marino
- las formas ondulantes y serpenteantes
- las peceras
- las obras de arte que evocan el invierno, la oscuridad y la soledad
- los materiales de naturaleza terrestre, fríos o negros: metales, piedra, mármol...
- los muebles grandes y pesados como roperos, armarios, camas y mesas

### *Actividades del movimiento Agua*

El movimiento Agua favorece:

- el conocimiento ancestral, la introspección, el encuentro con lo desconocido
- el desarrollo de la fluidez y la transformación Yin (pequeña muerte de una manera de ser)

## Tablas holonómicas de las Cinco Transformaciones

| Correlaciones principales | | | | | |
|---|---|---|---|---|---|
| **MOVIMIENTOS** | **MADERA** | **FUEGO** | **TIERRA** | **METAL** | **AGUA** |
| **ESTACIÓN** | PRIMAVERA | VERANO | FIN DEL VERANO | OTOÑO | INVIERNO |
| **ENERGÍAS** | VIENTO | CALOR | HUMEDAD | SEQUEDAD | FRÍO |
| **EFECTO** | ELEVA Y EXTIENDE | EXPANDE Y ACELERA | ESTABILIZA Y ESTRUCTURA | CONTRAE Y PROFUNDIZA | AQUIETA Y DESESTRUCTURA |
| **PUNTOS CARDINALES** | ESTE | SUR | CENTRO | OESTE | NORTE |
| **COLORES** | VERDE Y AZUL CELESTE | ROJO | AMARILLO | BLANCO | NEGRO Y AZUL MARINO |
| **FORMAS** | RECTÁNGULO | TRIÁNGULO | CUADRADO | CÍRCULO | ONDULACIONES |
| **CUALIDADES** | ENGENDRA | IRRADIA Y TRASCIENDE | CREA Y RELACIONA | REPLIEGA Y CONCENTRA | SINTETIZA Y CONSERVA |
| **EFECTO ENERGÉTICO** | TEMPLA Y MOVILIZA | CALIENTA Y TRANSFORMA | EQUILIBRA Y CENTRA | SECA Y REFRESCA | ENFRÍA E INMOVILIZA |
| **CICLO AGRÍCOLA** | BROTA LA SEMILLA Y CRECEN LAS HOJAS | FLORECE Y CRECE EL FRUTO | MADURA SE COSECHA EL FRUTO | CAEN LAS SEMILLAS | SEMILLAS LATENTES |

| Correlaciones anatómicas, fisiológicas y psicológicas | | | | | |
|---|---|---|---|---|---|
| **FASES DEL DESARROLLO** | NACIMIENTO CREACIÓN | JUVENTUD GESTACIÓN | ADULTEZ MADURACIÓN | VEJEZ CULMINACIÓN | MUERTE DISOLUCIÓN |
| **ÓRGANOS FUNCIONALES** | VESÍCULA BILIAR | INTESTINO DELGADO Y TRIPLE CALENTADOR | ESTÓMAGO | INTESTINO GRUESO | VEJIGA |
| **ÓRGANOS YIN** | HÍGADO | CORAZÓN Y MAESTRO DEL CORAZÓN | BAZO, PÁNCREAS Y SISTEMA LINFÁTICO | PULMONES | RIÑONES, SUPRARRENALES Y ÓRGANOS CURIOSOS |
| **REGENERA** | MÚSCULOS Y TENDONES | SISTEMA VASCULAR, VENAS Y ARTERIAS | TEJIDO CONJUNTIVO Y FASCIAS | PIEL | HUESOS Y CABELLO |

| Correlaciones anatómicas, fisiológicas y psicológicas (Cont.) | | | | | |
|---|---|---|---|---|---|
| **EXTERIORIZA EN** | OJOS Y UÑAS | LENGUA | BOCA Y LABIOS | NARIZ | OREJAS |
| **SABOR** | ÁCIDO | AMARGO | DULCE | PICANTE | SALADO |
| **SECRECIONES** | LÁGRIMAS | SUDOR | SALIVA | MUCOSIDAD | ORINA |
| **SENTIDOS** | VISTA | TACTO | GUSTO | OLFATO | OÍDO |
| **RASGOS PSICOLÓGICOS** | TENACIDAD IRA DECISIÓN GRITA | ALEGRÍA IMPACIENCIA INTUICIÓN RÍE | REFLEXIÓN OBSESIÓN ESTABILIDAD CANTA | TRISTEZA DEPRESIÓN RESISTENCIA LLORA | MIEDO PÁNICO VOLUNTAD GIME |

| Correlaciones con espacios, ciclos y actividades | | | | | |
|---|---|---|---|---|---|
| **MOVIMIENTOS** | **MADERA** | **FUEGO** | **TIERRA** | **METAL** | **AGUA** |
| **MESES** | DE FEBRERO MAYO | DE MAYO A AGOSTO | TRÁNSITOS | DE AGOSTO A NOVIEMBRE | DE NOVIEMBRE A FEBRERO |
| **DÍA-NOCHE** | AMANECER | HASTA MEDIODÍA | TRANSITOS mediodía-medianoche | ATARDECER | NOCHE |
| **ESPACIOS Y AMBIENTES** | RECIBIDOR SALA DE ESTAR CALIDEZ ELECTRICIDAD VENTANAS | FUEGOS DE COCINA TEMPERATURA ILUMINACIÓN PUERTAS | COCINA COMEDOR | CUARTO DE BAÑO DRENAJES ESTUDIO PERMEABILIDAD | DORMITORIO DEPÓSITOS DE AGUA TUBERÍAS OSCURIDAD SUBSUELO |
| **ENERGÍAS** | DEFENSIVA | SHEN HABITANTES | ADQUIRIDA | DEFENSIVA | ANCESTRAL |
| **ACTIVIDADES** | DECISIÓN SALUD ECONOMÍA | DINAMISMO CONOCIMIENTO | COOPERACIÓN RELACIONES CREATIVIDAD | RESISTENCIA INTERCAMBIO | INTROSPECCIÓN RECUERDOS CONOCIMIENTO |

## *Conclusión*

Quizá el proceso de llegar a una conclusión diagnóstica útil para modificar un lugar o la relación con él sea el apartado del Feng Shui que más sensibilidad requiera, ya que debemos hacer confluir en un tiempo y espacio una infinidad de datos pertenecientes a una gran red de relaciones y acontecimientos que moldean el medio ambiente energético.

En esta segunda parte se han presentado los elementos principales para llegar a un diagnóstico energético del lugar, sus habitantes y sus interacciones. Estos elementos se refieren a tres grandes áreas:

1. La observación y la percepción corporal como elemento guía del diagnóstico.
2. La reunión de datos sobre el Yin y el Yang en los grandes paisajes, entornos y ambientes energéticos, así como en sus habitantes.
3. La conjunción y sincronicidad de una casa y sus habitantes con una vasta red de fenómenos imbricados con los ciclos estacionales y los canales terrestres y celestes.

*Tercera parte*

# Armonización y arquitectura energética en los espacios vitales

# 8. Armonizando un lugar o el arte de la arquitectura energética

## *Introducción*

En cierta ocasión Yuji Yahiro[47] contó una historia sobre un maestro experto en agricultura y medicina oriental, quien fue invitado a visitar una amplia región desértica del sur de Estados Unidos. En un intercambio de opiniones, este maestro manifestó la posibilidad de crear un nuevo clima provocando lluvia en la zona.

Todos los presentes manifestaron su incredulidad, pero decidieron dar un tiempo para dicho experimento. El maestro japonés tan sólo pidió que regularmente se le abasteciera de un camión cisterna con agua.

Se dedicó por semanas a poner un poco de agua en cada arbusto pequeño del desierto. Caminaba con su regadera y repetía este paciente proceso día tras día, semana tras semana... hasta que la lluvia hizo acto de presencia y poco a poco el lugar fue cambiando su naturaleza Yang extrema a un tono más templado. Las predicciones del experto fueron atestiguadas y ésta fue una de las pocas demostraciones en Occidente del arte del Feng Shui sobre grandes paisajes.

¿Qué fue lo que realizó este experto? Seguramente percibió el paisaje e hizo una representación muy precisa del tono

[47]Especialista en medicina japonesa y difusor del Shiatsu en Europa.

polarizado de las energías del lugar: Yang cálido muy extremo. Como las cosas no son absolutas, también buscó la tenue presencia de Yin, que en este caso estaba representada por pequeños y secos arbustos típicos de esa zona árida.

Para generar un movimiento entre esta desproporcionada correlación de fuerzas necesitaba aportar más Yin, lo cual hizo mediante la cisterna de agua; dosificó este aporte de Yin pacientemente a lo largo del tiempo regando los arbustos; quizá lo hizo en invierno, lo que haría más efectiva esta dosificación del agua al tener presencia el Yin estacional. Finalmente, la perseverancia del maestro empujó en una nueva dirección la relación entre las fuerzas Yin y Yang, pasando de una condición Yang a un medio energético más templado y modificando así la naturaleza de un gran espacio.

A través de una percepción precisa del Yin y el Yang, creando un vínculo con los canales Yin de la Tierra, la lluvia celeste y el Yin estacional, este maestro japonés realizó una gran obra de arquitectura energética.

En nuestro caso, los ajustes energéticos serán más modestos, como armonizar una casa o departamento, un lugar de trabajo, un jardín, un gran comercio o un edificio a lo sumo. Sin embargo, los efectos para nuestra vida pueden ser tan importantes como traer la lluvia al desierto: aprender acerca de nuestra naturaleza energética, mejorar la salud y la vitalidad, usar la energía de los lugares para impulsar proyectos y anhelos.

Los pasos para armonizar un lugar son los siguientes:

1. Tomar una decisión y mantenerla por el tiempo previsto.
2. Aplicar el principio del "Vacío" (el Tao) a un lugar e iniciar un nuevo ciclo.
3. Manifestar una intención, un sentido: esclarecer los objetivos.
4. Conocer y aplicar los instrumentos y recursos del Feng Shui.
5. Realizar la armonización con atención corporal y espontaneidad.

## *Tomar una decisión y mantenerla*

Inicialmente, uno debe acercarse a las propuestas del Feng Shui con una mentalidad abierta; esto es, actuar dentro de un periodo estipulado sin creer, sin esperar, sin expectativas. Si uno aplaudiera, sin haber evaluado qué suscitó en su vida, estaríamos hablando de fantasías, de dogmas, de experiencias ajenas defendidas desde el mundo de los pensamientos, no de la experiencia.

Si nos acercamos a estas propuestas con una actitud escéptica, enjuiciándolas de antemano, interferiremos la libre exploración en este experimento, ya que nuestra intención será confusa, limitada u obstaculizada.

Por tanto, lo mejor es acercarse a la parte práctica como lo hace un niño ante un juego: con el ánimo de explorar, de sumergirse en esa nueva "realidad" que le propone el juego, de descubrirse en nuevas experiencias y personajes sin cuestionarlos... explorando nuevas formas de creatividad, estados de ánimo, desafíos... Ésta es la actitud adecuada para realizar los "experimentos energéticos" en su casa.

En cuanto a la decisión a tomar, es simple: en un mes va a explorar su relación con los lugares y espacios en que vive y trabaja; esto requiere de una atención despierta y enfocada a este vínculo entre la vida y los lugares; al finalizar el mes puede realizar una evaluación de los posibles cambios y sus consecuencias. Juegue a fondo con esta propuesta.

Si ha tomado ya la decisión, lo que sigue es:

## *El vacío o tao de un lugar*

En el capítulo 1, Filosofía del Feng Shui, introdujimos algunas nociones sobre un concepto muy abstracto y difícil de asir al que los antiguos filósofos chinos denominaron el Tao. Entre las acepciones que se le atribuyen hay dos que nos interesa resaltar y usar:

1. el vacío
2. el camino de la naturaleza

### *El Vacío*

Es un estado del ser en el que no hay apegos y compromisos, no hay pasado ni futuro, y esa libertad que da no tener ataduras abre la posibilidad de unir los canales energéticos interiores con los del Universo obteniendo una sensación de plenitud, una conciencia global.

Cuando uno tiene compromisos y deberes no deseados ni adquiridos libremente, está lleno, rígido, hipotecado; la fusión con los canales energéticos del Universo no puede darse: éstos no encuentran espacio, no hallan el vacío donde incursionar con su energía.

Sirva de ejemplo una sala de estar repleta de muebles grandes, jarrones, figuritas; una gran mesa, una lámpara grande de cuentas de vidrio, libros amontonados en un estante, etc... La sala está repleta hasta el punto en que es difícil moverse con espontaneidad en el lugar a pesar de que es amplio. Cualquier movimiento puede tener como consecuencia romper algo o lastimarse. No es un lugar en donde incursionará la energía de la naturaleza ya que todo está lleno y la energía está hipotecada: no se puede mover espontánea, libremente, de manera simple y sencilla.

Podríamos jugar con la idea de Tao asimilándolo a una gran habitación oscura y vacía. Allí adentro uno se podrá mover espontáneamente; lo sensible prevalecerá sobre lo mental, ya que la oscuridad nos dará mucha información intuitiva. En la oscuridad —y este es un juego que todos hemos explorado cuando niños— encontramos todo tipo de imágenes primarias y abstractas... todo está y no está. Sólo la intención de encontrar algo y sostenerlo hace que las imágenes cobren vida. Si abrimos un hueco en la pared la luz entrará sin problemas en el espacio; en cualquier lugar que se perfore el agujero la luz penetrará con intensidad porque hay vacío. La luz aquí representaría a los grandes canales de la naturaleza. En cambio, si la habitación estuviera llena —como en el caso anterior— la luz se vería frenada por la concentración de objetos, limitada, desviada o expulsada. El vacío es el requisito para el cambio personal, para establecer la sincronicidad con las pautas de la naturaleza, para elevar el tono y nivel energético, y para empezar a regular un hogar o lugar de trabajo.

## *El camino de la naturaleza*

La naturaleza es la que enseña a un taoísta. La naturaleza es una fuerza que se desarrolla y expande a través de la espontaneidad y el conocimiento sin palabras, requisitos para la regulación de un espacio: el conocimiento interno irá mostrándose, dando pistas, señales, mensajes sin palabras para profundizar en nuestra exploración.

El esfuerzo explicativo realizado con este libro es sólo un ardid para darle material a la razón; pero en realidad este conocimiento acerca de encontrar, crear y usar un buen lugar ya está incorporado en la información genética, en el cuerpo energético... y se activa a través de la espontaneidad. Cuando el sol extremo crea una condición climática Yang severa, la espontaneidad nos sitúa a la sombra sin una gran reflexión.

La naturaleza generalmente se desarrolla y expande en pautas cíclicas, en ciclos espirales donde hay un comienzo o nacimiento y un final o muerte; si deseamos realizar el arreglo energético de un lugar tendremos en cuenta esta referencia cíclica que implica crear una conciencia sobre el final, cerrar un ciclo y abrir un nuevo periodo.

La espontaneidad y la conciencia del nuevo ciclo son imprescindibles para la armonización.

## *Ejercicio: vaciar un lugar e iniciar un ciclo*

El siguiente ejercicio propone realizar un conjunto de acciones prácticas que ayuden a crear vacío para que la nueva energía pueda incursionar en nuestro hogar, crear la conciencia y las condiciones de inicio de un nuevo ciclo.

Este ejercicio es complementario del ejercicio "El inventario de pertenencias" —capítulo 5— que realizamos en el diagnóstico, donde conocimos cómo una parte de nuestra energía y atención estaba disipada en innumerables cosas que acumulamos. Si realizó dicho ejercicio sabrá que:

1. Hay cosas que guardamos pero que no tienen una utilidad concreta o que no usamos en este momento ni usaremos próximamente.
2. Conservamos cosas que contienen emociones desgastantes y perturbadoras.
3. Hay un grupo de cosas (más reducido que los anteriores, generalmente) que tienen una utilidad funcional, o que sintetizan recuerdos y vivencias que nos agradan y nos transmiten plenitud.

Una manera concreta y efectiva de crear vacío y conciencia de un nuevo ciclo en una vivienda, es desprenderse de parte o de todo lo referente a los dos grupos de objetos que:

- no usamos y no usaremos en los dos próximos años
- significan vivencias desgastantes o lo que llamamos malos recuerdos

Sobre el primer grupo de cosas, como por ejemplo ropa, herramientas, objetos decorativos, etc., podemos regalarlas, donarlas o venderlas. Es importante desprenderse prácticamente de todo.

Sobre el segundo grupo, en el proceso de desprenderse tiene que haber conciencia de lo que significa cada cosa en la que hemos depositado emociones y sentimientos —memoria—, y que aún tienen influencia sobre nosotros; este tipo de cosas suelen ser cartas y notas, fotos, regalos, etcétera.

Es aconsejable desprenderse primero de lo que nos parece más fácil; después, de las cosas en las que hay mayor implicación emocional; quizá las que provoquen sentimientos más intensos y desgastantes queden para más adelante, cuando los cambios energéticos del lugar estén en marcha y usted se sienta más fuerte. No es posible crear un vacío total desde el principio.

Si conseguimos desprendernos de un significativo número de objetos que no tenían utilidad o que nos ligaban a vivencias desgastantes, habremos conseguido:

- Crear vacíos donde podrán establecerse nuevos vínculos con canales de la naturaleza.
- Modificar y simplificar la estructura que atrapaba nuestra energía y atención en los objetos.

Con el solo acto de *vaciar un lugar* se pueden crear diferentes ambientes más armonizados y nuevas situaciones en nuestra vida. No es aconsejable usar instrumentos y reguladores energéticos del Feng Shui sin crear vacío y conciencia de un nuevo ciclo, ya que podrían amplificar perturbaciones y tener consecuencias confusas o insuficientes.

## *Iniciar un nuevo ciclo*

Abordando la tarea de crear vacío también tomamos conciencia de un nuevo ciclo, puesto que aquellos recuerdos y cosas que nos acompañaban y sostenían la realidad anterior dejan de tener presencia. Sin embargo, aun podemos amplificar esta sensación de nuevo ciclo con otras acciones como:

- Realizar pequeños arreglos en la casa: si una luz no funciona, un cristal está roto, una puerta no abre bien, etcétera

- pintar paredes o puertas
- poner algunos cuadros, láminas o fotos que nos agraden para renovar el ambiente
- conseguir plantas

También puede ayudar cambiar las rutinas cotidianas. Por ejemplo:

- levantarse un poco antes para ver la salida del sol
- ir hacia el trabajo por nuevas rutas
- pasear si no lo hace frecuentemente
- ir al cine si le gusta y hace tiempo que no lo hace
- salir con amigos... o aquello que se le ocurra y rompa con su quehacer cotidiano

Cualquiera de estas acciones debe estar inspirada en la observación y provocar una sensación de bienestar.

## *Manifestar una intención y un sentido: esclarecer los objetivos*

Una vez que hay vacío, la energía de los grandes canales naturales llena el espacio nuevo, y la salud y la vitalidad son potenciadas. Para que este aporte de energía tenga una dirección y un propósito definido hay que manifestar la intención y el sentido de este movimiento energético.

Shen Po, médico taoísta contemporáneo en la China rural afirma que los nombres que reciben los puntos de acupuntura deben decirse en voz alta antes de ser estimulados. Para este médico los nombres no sólo tienen una función clasificadora, sino que además contienen una intención. Nombrarlos en voz alta es su recurso para conectarse con la intención de los puntos y los orígenes de la acupuntura.

Manifestar la intención en voz alta puede ser una acción que nos ayude a definir el sentido general y concreto del movimiento de energía que estamos iniciando en un lugar. Ahora bien, usted puede encontrar otras maneras de manifestar este sentido: dibujando, escribiendo, a través de símbolos, etc. Sea cual sea la forma de manifestar la intencionalidad, debe ser clara, directa y concreta.

Para clarificar qué aspectos o rasgos de nuestra vida pueden ser influidos por esta maniobra general de la energía de un lugar, podemos definir nueve grandes áreas temáticas que corresponden a las direcciones principales[48] por donde se establece relación con los grandes canales de la Tierra, así como Las Cinco Transformaciones; se trata de observar dónde se sitúan las principales problemáticas relacionadas con:

### *Movimiento Madera*

El área del este, llamada *Trueno*, está relacionada con *los ancestros*, aquellas personas que nos precedieron: padres, abuelos, familiares y mayores que marcaron nuestra vida —maestros, profesores, etcétera.

El área del sureste, llamada *Viento*, está relacionada con *el incremento de la energía*, específicamente con la salud y la vitalidad, y también con bienes materiales y economía.

### *Movimiento Fuego*

El área del sur, llamada *Fuego*, está relacionada con el *conocimiento* y la proyección social.

### *Movimiento Tierra*

El área del suroeste, llamada *Tierra*, está relacionada con *la colectividad,* con los proyectos y relaciones interpersonales: fa-

[48]Estas áreas corresponden al Pa Kua del Cielo posterior o segunda secuencia celestial, un símbolo holonómico que constituye la base del Feng Shui de las direcciones.

milia, amigos, compañeros de trabajo, grupos de interés, etc.; también se relaciona con la creatividad, la capacidad de plasmar y concretar ideas; en la mujer, con la capacidad de engendrar y concebir.

El área del noreste, llamada *Montaña*, es donde se alcanzan a cerrar todos los ciclos y los procesos, donde termina y empieza todo, el lugar donde podemos sintetizar los actos pasados para proyectarlos sobre el momento presente; también es el lugar donde se establece la quietud interior y la calma.

El área del *Tai Chi*, el Centro, es el lugar del propio control, la capacidad de decidir por sí mismo al margen de la normas o conveniencias sociales; es el lugar de la fluidez y la integración de las diversas capacidades que uno desarrolla a lo largo de la vida.

### *Movimiento Metal*

El área del oeste, llamada el *Lago*, se relaciona con la *alegría tranquila*, con la serenidad, con los tránsitos hacia la interioridad, volver la mirada hacia sí y con el desapego. También se relaciona con la tristeza y la melancolía.

El área del noroeste, llamada *Cielo*, tiene que ver con *la inspiración*, la capacidad de captar nuevos enfoques y perspectivas en cada aspecto de la vida. Podríamos llamarla creatividad Yang, mientras que la creatividad Yin de la Tierra permite hacer realidad estos enfoques. También se relaciona con la filantropía, la ayuda y los recursos desinteresados hacia los proyectos de valor e interés general.

### *Movimiento Agua*

El área del norte, llamada *Agua*, se relaciona también con el conocimiento, pero con el conocimiento ancestral grabado en el cuerpo de energía; en general, dicho conocimiento puede incorporarse a nuestra vida a medida que vamos adquiriendo fluidez y una sensación de unidad. Así que el eje del conocimiento está reflejado en el área de Fuego (Yang, el aspecto que permite unir lo ancestral con la luz de los tiempos) y en el área de Agua, que es la memoria consciente del universo. Al mezclarse ambas fuerzas surge la energía Shen, la mezcla más sutil de energía a la que podríamos llamar plenitud de la conciencia. Como el conocimiento se adquiere a través de los actos, esta área también se refiere al trabajo y al estudio como instrumentos de realización personal.

| Área | Faceta abstracta | Faceta individual |
|---|---|---|
| Trueno | información ancestral (filogénesis) | antepasados |
| Viento | flujo de la energía | salud, bienes y economía |
| Fuego | expansión de conciencia<br>energía Shen | conocimiento<br>proyección social |
| Tierra | energía integradora | relaciones interpersonales<br>proyectos colectivos |
| Lago | transiciones | creatividad y tranquilidad |
| Cielo | fenómenos celestes | augurios, mitos y<br>evaluación, filantropía |
| Agua | naturaleza interior<br>energía ancestral | trabajo, profesión |
| Montaña | muerte | fin de ciclos |
| Centro | Tao | control, madurez, reunión |

## *Ejercicio: las nueve areas de interés*

Desde la perspectiva de estas nueve posiciones generales analice y observe su vida en conjunto y señale por orden de prioridad aquello que necesite un cambio, mayor estabilidad, vitalidad o un final... Por ejemplo:

1. Si tiene un proyecto colectivo pero no hay suficiente cohesión y armonía, sabrá que necesita enlazarse con la Tierra
2. Si tiene problemas de realización en el trabajo, o perdió el empleo y no encuentra otro, necesita restablecer el vínculo con la energía del Agua
3. Si tiene problemas de salud, debe armonizar con el área de Madera, etcétera

Señale las tres principales tendencias afectadas y manifieste su intención de armonizarlas por cualquier medio que elija.

Hay que aclarar que el manifestar sirve para enlazar nuestra intención con estos grandes canales energéticos y las nueve regiones arquetípicas de la energía; la opción de enlazarnos viene de nuestra fuerza interior, de querer conseguirlo, ya que ninguna de estas fuerzas pone empeño en separarnos o incorporarnos.

# 9. Instrumentos y recursos armonizadores del Feng Shui

## *Introducción*

Existe un gran número de instrumentos y recursos en el Feng Shui; es más, conociendo y observando uno puede crear sus propios instrumentos, tan efectivos y adecuados como los tradicionales. Estos elementos reguladores tienen efectos sobre la naturaleza Yin y Yang de los ambientes, sobre la aceleración o la quietud de la energía, sobre la tonificación y la sedación de la vitalidad.

En este capítulo vamos a introducirnos al uso de los siguientes recursos armonizadores:

- la luz
- la oscuridad
- los colores
- las plantas
- los móviles
- el agua
- las formas
- los cristales
- los muebles y los objetos
- los espejos
- los aromas
- los sonidos
- el silencio
- el arte
- la sincronicidad

## *La luz y la iluminación*

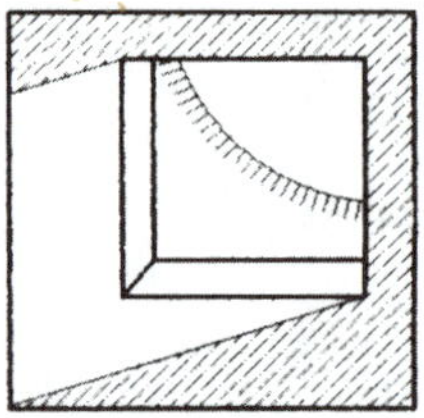

La luz es de naturaleza Yang, es decir que establece vínculos privilegiados con la vitalidad solar y celeste. Podemos conseguirla principalmente a través de la luminosidad solar, las velas, las sustancias combustibles y la electricidad.

Cuando iluminamos intensamente un espacio, la energía tiende a movilizarse, a tornarse activa. Si un ambiente es Yin, oscuro, falto de vitalidad, la iluminación atraerá energía.

La iluminación debe ser abundante en la sala de estar, en la cocina, el comedor y los cuartos de baño, que son la parte diurna y solar de una casa.

## *La oscuridad y la penumbra*

La oscuridad es parte de los canales ligados a la noche, la Tierra y la información ancestral. Su naturaleza es Yin extrema. Cuando favorecemos un ambiente con oscuridad o penumbra la energía tiende a aquietarse, a enfriarse.

Podemos enlazarnos con ella después del atardecer, llegando a su máxima intensidad Yin en las horas previas a la medianoche. La penumbra crea un tono similar al atardecer o la puesta de sol, crea un ambiente Yin suave.

Podemos conseguir oscuridad y penumbra limitando la iluminación excesiva en las horas de noche, y con cortinas o persianas en las horas de día.

Es importante que el estudio tenga una ligera penumbra ambiental y una buena iluminación en la mesa de trabajo. El dormitorio también debe tener penumbra en las horas del día, y en la noche la iluminación debe ser mínima para amplificar el aspecto Yin del ambiente.

## *Los colores*

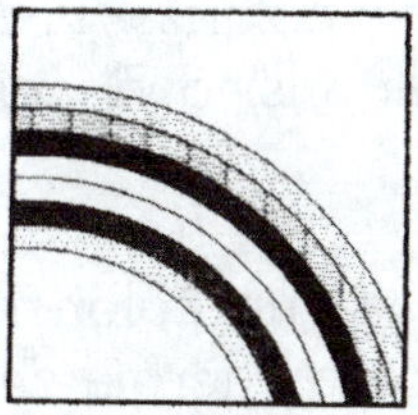

Cada tonalidad provoca un efecto sobre la energía y la percepción. Hay colores que en diferentes momentos nos son favorables o que distorsionan nuestra energía, y podemos saberlo observándolos corporalmente. Los colores que uno siente desfavorables deben evitarse por un tiempo, y los que aportan bienestar deben tener presencia en los ambientes que habitamos.

Según los principios de Las Cinco Transformaciones, hay cinco colores básicos que corresponden a las cinco posiciones generales de la energía:

1. El verde y azul cielo, pequeño Yang, elevan y expanden la energía.
2. El rojo, Yang grande, acelera y activa la energía.
3. El amarillo y anaranjado, colores templados, centralizan y coordinan las energías diversas.
4. El blanco, pequeño Yin, contrae y fortalece la energía.
5. El gris, negro y azul marino, Yin grande, profundizan, aquietan y concentran la energía.

Si preguntamos a los habitantes de una casa por sus preferencias sobre estos colores, podremos usarlos según dos fuerzas: generativa Yin y poder Yang.

Cuando una persona tiene una preferencia muy acentuada por:

- El verde, significa que tiene insuficiencia del movimiento Madera, y este color privilegiará la relación con la energía de esta fase.
- Lo mismo ocurre con los demás colores que agradan: el rojo con Fuego, el amarillo con Tierra, el blanco con

Metal y el negro con Madera. En todos estos casos debemos propiciar la presencia de estos tonos en el hogar.

- El color negro y el rojo, por ser extremos, deben tener una presencia limitada, ya que tienden a polarizar la energía: el rojo en exceso podría provocar ansiedad y el negro depresión.

Cuando a una persona no le gusta o rechaza un color-movimiento, está siendo presionada en exceso por la energía de esa fase:

- Si no agrada el color verde, indicará que hay un exceso de energía Madera, elevando demasiado la energía, y podrá lastimar a la energía de Tierra.
- Si es el rojo, la energía de Fuego estará en plenitud y muy agitada, y podrá lesionar a la energía de Metal.
- Si no le gusta el amarillo, indicará que la presencia de energía Tierra es excesiva y habrá una tendencia al estancamiento; podrá agredir a la energía de Agua.
- Si no le gusta el color blanco, estaremos en un exceso de movimiento Metal, lo que indicará demasiado endurecimiento e interiorización de la energía; podrá enfrentar a la energía de Madera.
- Si no le gusta el color negro o azul marino, la energía Agua se estará profundizando demasiado, y podría lastimar al calor orgánico, al movimiento Fuego.

Los colores deben estar presentes en una casa o lugar de trabajo mediante obras de arte, pinturas, láminas, objetos decorativos, muebles, plantas e iluminación. No es muy indicado pintar todas las paredes con colores fuertes o intensos, ya que el organismo tiende a saturarse de ellos con facilidad y sería difícil pintar a medida que las percepciones cambian; es más fácil colocar o quitar un cuadro con tonos verdes, o un objeto decorativo con tonos oscuros.

## *Las plantas*

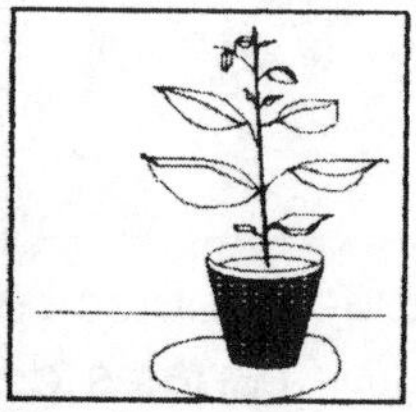

Las plantas son seres vivos; su utilización en el Feng Shui es muy adecuada porque crean campos de energía armonizada, limpian el aire y le dan un movimiento constante y renovador a la energía. Por sus raíces tienen un vínculo privilegiado con la energía terrestre, aunque por sus colores y sus hojas, también captan energía celeste.

Como crean campos armonizadores de energía, suelen instalarse en lugares donde se acelera la energía, como por ejemplo, a la entrada de una puerta principal alineada con un largo pasillo o en una sala donde hay mucha actividad y muchos aparatos eléctricos; aunque también pueden usarse en dormitorios amplios o ventilados ya que facilitan el descanso y el enlace con la fuerza Yin de la noche.

Las plantas también se usan para crear cuadraturas —dar una forma cuadrada a espacios de formas irregulares—, o como paredes energéticas para formar diversos ambientes energéticos o contener las presiones externas: sonidos, aceleración, variaciones de temperatura...

## *Los móviles*

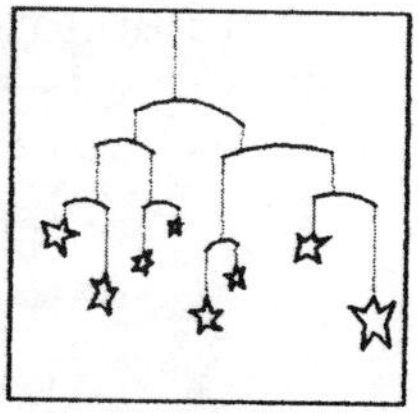

Se le llama móvil a cualquier agrupación de objetos que se suspenden con armonía en el aire desde el techo. Su función es aquietar el paso de la energía, armonizarla y darle un movimiento más suave. Por esta misma condición se utilizan en situaciones donde la energía se acelera, fundamentalmente en disposiciones lineales como largos pasillos, alineaciones de puertas y ventanas o exteriores expuestos a corrientes de aire.

## *El agua*

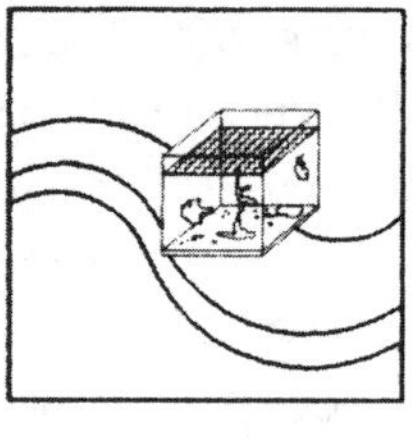

El agua es una fuerza Yin que establece una relación privilegiada con los canales de la Tierra y con el movimiento Agua-invierno. La presencia del agua aquieta la energía y favorece la concentración, la introspección y la quietud mental.

En exteriores, a través de fuentes, estanques o piscinas, ayuda a atraer energía solar y celeste, da armonía y un alto tono vital, como puede sentirse en jardines, patios coloniales árabes o andaluces.

El agua en un espacio interior puede incorporarse a través de peceras y fuentes. Las peceras pueden regular la presencia Yin por medio de su tamaño y sus colores. Una gran pecera con peces y rocas en tonos oscuros aportará un gran Yin al ambiente; una pecera mediana con peces rojos y amarillos aportará un Yin pequeño. Las fuentes también se regulan por su tamaño y cantidad de agua; tienen otro elemento interesante: el sonido del agua y su movimiento, que evocan la sensación de estar en la naturaleza ante una cascada o un río.

En el interior de una casa deben limitarse las peceras, las fuentes y los colores oscuros cuando el lugar o sus habitantes presenten una condición Yin, ya que podría agredir al debilitado calor orgánico.

## *Las formas*

Las formas pueden armonizar la energía o perturbarla. Ya hemos mencionado esto en relación con el relieve de los paisajes y las formas estructurales de los edificios. Existen cinco formas básicas relacionadas con Las Cinco Transformaciones:

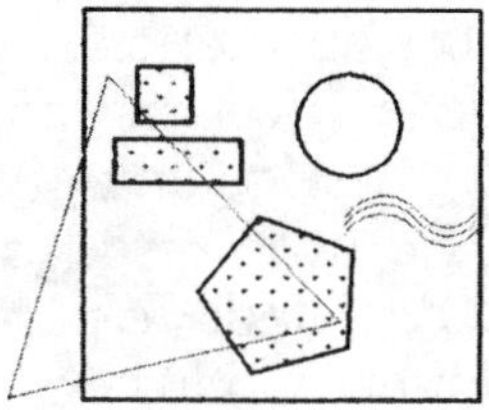

- El rectángulo, relacionado con el movimiento Madera, es de naturaleza Yang pequeña.
- El triángulo, relacionado con el movimiento Fuego, es Yang extremo.
- El cuadrado es la forma del movimiento Tierra, energía templada e integradora.
- El círculo es energía Metal: fortalece y concentra.
- Las ondulaciones se relacionan con la energía Agua y son Yin profundo.

Por ejemplo, un comedor con un exceso de Yin (humedad y frío telúrico): materiales Yin como la piedra y poca iluminación, se equilibraría con la pintura de un gran triángulo rojo y una mesa rectangular ligera de color anaranjado, verde intenso o incluso roja, elementos todos ellos de naturaleza Yang.

Un lugar arquitectónicamente muy irregular puede compensarse al evocar el cuadrado desde múltiples aspectos: colocando mesas cuadradas; con la disposición cuadrangular del mobiliario; dividiendo los espacios con plantas que formen cuadrados; ampliando los marcos de las pinturas y fotografías, etcétera.

Un lugar muy Yang puede compensarse al pintar ondulaciones en las paredes, al sugerirlas con distintas alturas de plantas junto a una pared o con un jardín ondulante...

## *Cristales y cuarzos*

Los cristales se pueden usar en cuentas poliédricas o esferas talladas con múltiples facetas. El reflejo de la luz en sus caras y el brillo tonifican y aumentan la presencia energética. Pueden colocarse sobre muebles o suspendidos en el aire en lugares donde deseemos tonificar la energía.

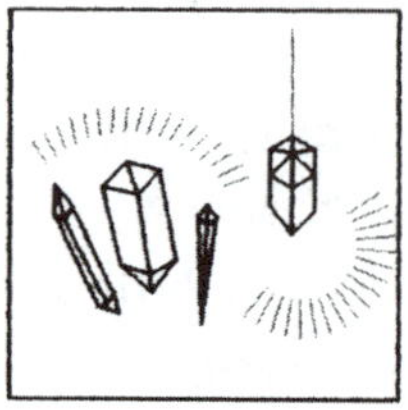

Los cuarzos tienen una gran influencia sobre la energía de un lugar y sus habitantes. Son grandes potenciadores y deben usarse estableciendo una relación de atención y exploración muy cuidadosa. Los cuarzos deben exponerse al sol y bañarlos en agua con sal periódicamente. Se usan en lugares donde la energía se ha debilitado, o para atraer el Yang. Si se exponen a la luz de la Luna o a la oscuridad de la noche, pueden ayudar a tonificar el Yin de un ambiente.

### *Muebles y objetos*

Los muebles y objetos artístico-decorativos juegan un gran papel dentro de la arquitectura energética de un lugar.

Si son ligeros, de madera o materiales sintéticos, se les cataloga como Yang; si sus colores son rojizos, anaranjados o verdes intensos esto se acrecienta. Los muebles y objetos de esta naturaleza pueden ayudar a templar ambientes Yin extremos.

Si son grandes y pesados se consideran de naturaleza Yin; si su color es marrón oscuro, azul marino o negro, amplifican su fuerza Yin extrema. Estos muebles pueden ayudar a templar un ambiente Yang extremo.

### *Los espejos*

Los espejos tienen la capacidad de duplicar la sensación de espacio, de atraer hacia sí la energía, de crear un campo de aceleración en la superficie reflectante, y en ocasiones, de repeler ciertas influencias.

Es muy importante determinar lo que el espejo va a reflejar, ya que a través de éste podríamos atraer un ambiente exterior perturbado al interior de nuestra casa. En cambio si refleja un jardín o el horizonte, se incrementará la armonía y el nivel energético. Un espejo también puede reflejar perturbaciones interiores; en un ambiente Yin frío, el reflejo de una superficie negra amplificaría aún más el Yin.

Los espejos no deben estar rotos, fraccionados o desgastados, ya que provocarían perturbaciones. El espejo del cuarto de baño debe ser ancho y reflejar la totalidad del rostro. De igual manera, los que sirven para reflejar la forma total del cuerpo deben ser amplios. Para los espejos que deben reflejar la cara o la forma humana se consideran formas idóneas las circulares u ovaladas.

En algunas ocasiones los espejos se usan para crear canales energéticos, como por ejemplo, reflejar la energía del sur en una casa cuya puerta principal está orientada hacia el norte o el oeste. En este caso se deben disponer los espejos de manera que se reflejen mutuamente hasta llegar al interior de la casa, creando un canal Yang visual.

En general, no es conveniente la presencia de espejos en los dormitorios y los estudios, ya que aceleran la energía y reclaman nuestra atención hacia el exterior.

## *Los aromas*

Los estímulos aromáticos pueden ser una presencia armonizadora y equilibrante. Las ciudades han limitado la influencia de los aromas derivados de plantas y árboles, de la tierra fresca tras una lluvia, etc., sustituyéndolos por una fuerte presencia de productos químicos, gases o aromatizantes artificiales.

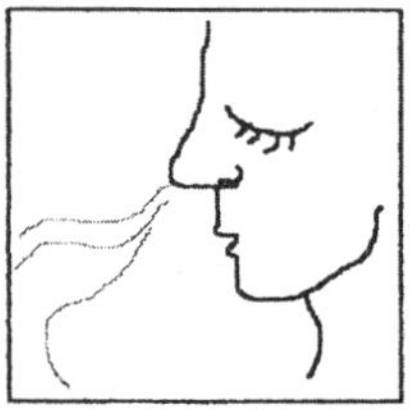

Los lugares también acumulan esencias aromáticas de todo tipo: las habitaciones con fuertes perturbaciones energéticas pueden provocar olores intensos y desagradables, señalando un estancamiento energético, un exceso de humedad o una ventilación insuficiente.

Las plantas y flores de interior pueden ayudar a vitalizar la energía a través de sus aromas; un jardín exterior puede ayudar a generar aromas naturales que se revertirán en una armonización del entorno y en una mezcla agradable de las energías.

También podemos utilizar esencias aromáticas naturales, resinas e inciensos, siempre y cuando los habitantes las perciban como agradables, como un suave estímulo evocador.

## *Los sonidos*

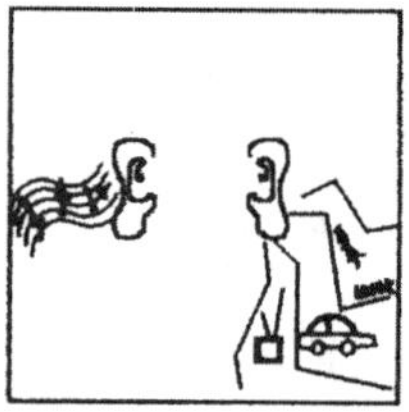

Los sonidos de la naturaleza también son una fuente armonizadora de la vitalidad. Como en el caso anterior, la ciudad ha sustituido el mundo sonoro de los bosques, la noche o el río por una intensa presión sonora de naturaleza Yang extrema: sonidos de aceleración, golpes, mezclas acústicas...[49]

Un jardín puede ser un soporte para que los pájaros y otros animales desplieguen su actividad, incluidos sus cantos; una fuente puede ayudarnos a evocar el sonido de un río; las hojas de un árbol mecidas por el viento o acariciadas por la lluvia, pueden ser ejemplos de cómo recrear el mundo sonoro de la naturaleza.

[49]Para la medicina china la contaminación acústica es un factor de debilitamiento de la energía del movimiento Agua —riñón, vejiga y energía ancestral.

Cuando no es posible disponer de un jardín, entonces podemos introducir al interior de la casa una fuente, unas campanillas, móviles sonoros y otros dispositivos que usted mismo puede idear para crear sonidos armonizadores.

También hay que hacer mención de la música. Podemos acceder a una gran variedad de expresiones musicales que van desde el Yang extremo hasta el Yin profundo. Al escucharlas corporalmente determinará el efecto que producen, y podrá usarlas para calmar o estimular el Yin-Yang ambiental según la preferencia o necesidad de cada momento.

Otra posibilidad para usar el ambiente sonoro de la ciudad de una manera armonizadora es darse algunos momentos para transmutar sonidos: dentro del caos acústico, encontrar evocaciones de la naturaleza, de manera que podamos percibir los rayos de una tormenta, una cascada, un viento fuerte, el canto de un animal o cualquier otra evocación.

## *El silencio*

El silencio de un bosque en invierno, de un lago al atardecer, de una montaña alta o de un desierto en el crepúsculo son experiencias ajenas a las urbes. Incluso en la noche la ciudad emite un constante ronquido, violentado por los automóviles que circulan a altas horas.

El silencio es de naturaleza Yin y favorece la introspección, el estar en quietud, sin diálogo interior y la estimulación de la energía ancestral. Es vital que el dormitorio tenga silencio. Sin embargo, quizá necesitemos de materiales que ayuden al aislamiento acústico para conseguirlo.

Si no podemos fusionar silencio y quietud en los ambientes interiores de una vivienda, hay que tomar nota de ello y buscarlos, visitando regularmente paisajes naturales para experimentar el silencio y la quietud, o bien explorando el universo interior a través de diversas disciplinas de suspensión del diálogo interno.

## *El arte*

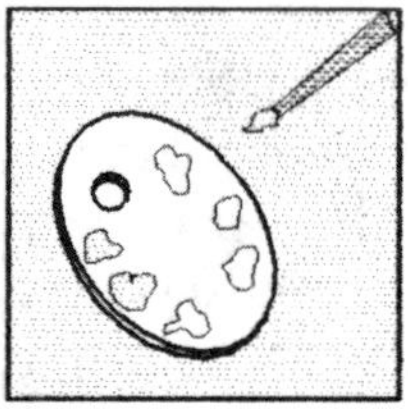

En general podemos decir que el arte estimula la energía y la vitalidad, siempre que uno lo sienta así: el uso de imágenes a través de la pintura y la fotografía, de formas y esculturas, de evocaciones sensibles a través del color y el relieve pueden ayudarnos a crear los tonos y ambientes energéticos deseados para cada lugar.

En este gran campo no podemos generalizar: lo importante es sentir el efecto que está teniendo sobre nosotros el elemento artístico y la energía, y dejarse guiar por la sensación experimentada. Si nos hace sentir bien, eleva la energía y hay sensación de frescura, podemos catalogarlo como Yang suave dentro del movimiento Madera; si percibimos oscuridad, sensación de misterio o frío, será Yin extremo y pertenecerá al movimiento Agua. Si algún objeto artístico no nos gusta, perturba o desvitaliza, debe ser descartado. El arte se construye con sensibilidad, emociones y energía: hay obras con armonía o polarizadas que provocan diversas reacciones en quienes las observan y perciben.

## *La sincronicidad*

La sincronicidad es un fenómeno por medio del cual la arquitectura energética de un lugar permite la fusión con los movimientos generales y particulares de la naturaleza:

1. El enlace con los ciclos estacionales.
2. El ciclo día-noche.

Las Cinco Transformaciones se relacionan con la dinámica de las cuatro estaciones del año en la siguiente forma:

- En primavera debe prevalecer un tono energético Yang suave general en la vivienda para favorecer la exteriorización del Yang y el impulso de un nuevo ciclo.
- En verano debe prevalecer la expresión del Yang y la exteriorización.
- En otoño debe favorecerse la penetración del Yin suave como inicio del movimiento hacia la concentración.
- En invierno debe cultivarse la relación con el Yin profundo, con el frío y la oscuridad como forma de simplificar la aproximación a la vida y dejar que la rigidez y lo innecesario se diluyan.

En relación con los ciclos día-noche, debemos aprender a favorecer el tránsito del Yang diurno al Yin nocturno, regulándolos a través del uso dinámico o pasivo de la actividad, la luz y el sonido:

- Durante el día, la actividad y los impulsos deben ser fluidos y ágiles; la luz intensa y brillante; y los sonidos rápidos y suaves.
- Durante la noche, la actividad y el pensamiento deben aquietarse, la iluminación debe ser tenue o bien dar paso a la oscuridad, y el sonido debe ser escaso, como un susurro en el silencio.

# 10. Ejemplos de interacción entre diagnóstico y armonización

## *Introducción*

El siguiente capítulo consta de algunos ejemplos por medio de los cuales intentaremos mostrar la relación entre diversas facetas del diagnóstico y la armonización. Ahora bien, hay que señalar que el Feng Shui también es un arte y no puede haber una sola forma de encarar una obra artística, en este caso la mejora de un entorno y ambiente. Recordemos que, por ser ejemplos escritos no pueden reflejar bien la apreciación, la percepción y la observación directa de un espacio, que son la columna vertebral del diagnóstico y de las regulaciones que podamos emprender.

Primero, vamos a presentar dos situaciones diferentes y extremas, obviamente exagerando los desajustes:

1. Una vivienda de condición Yin ambiental.
2. Una vivienda de condición Yang ambiental.

Después, presentamos algunos ejemplos de armonización referentes a entornos y ambientes de una vivienda.

## *Una vivienda de condición Yin ambiental*

### *Observando el lugar*

Aproximándonos a la casa observamos:

1. En la puerta principal

- sensación de soledad extrema
- orientación hacia el norte

Se trata de una posición Yin desfavorable, ya que los canales terrestres circulan de sur a norte y de este a oeste.

2. En el recibidor

- oscuro, pequeño y difícil de transitar
- muebles grandes de color marrón oscuro

Tiene amplificado el Yin por los muebles grandes, la oscuridad y el reducido espacio.

3. En la sala de estar

- sensación de soledad y bloqueo
- colores oscuros
- muebles grandes y oscuros
- muchos objetos decorativos
- el sofá está de espaldas a la puerta de acceso
- en una pared hay un cuadro con un paisaje otoñal
- el color de la pared es gris
- la luz que se capta por la ventana es pobre ya que viene de un callejón angosto

La sala, que debería tener un ambiente Yang suave, tiene una condición Yin por la decoración —los colores, un cuadro en la pared— que nos remite al otoño. Los muebles son Yin y estancan la energía por su tamaño y lo reducido del espacio; además, están de espaldas a la energía que penetra por la puerta principal.

4. En la cocina

- gran luminosidad
- la paredes son de color amarillo vivo

- gran amplitud
- el refrigerador está junto a los quemadores, y del otro lado el fregadero
- la pared del baño comunica el inodoro con los quemadores

Aunque tiene un tono general Yang, la mezcla de zonas frías y cálidas (Fuego) hace que los alimentos pierdan el Yang; además la afectación del inodoro desvitaliza los alimentos, por lo que podemos deducir que esta familia tendrá un deficiente aporte de energía adquirida.

5. En el comedor

- sensación de frío
- amplitud
- los muebles son ligeros pero de color negro
- hay un espejo en una pared que refleja el centro de la mesa, la cual contiene la escultura metálica de una mujer
- en una esquina hay una pecera
- se usa regularmente para estudiar en las noches

El color negro, la escultura metálica y femenina, la pecera y el espejo duplicando imágenes frías son de una gran fuerza Yin aunada al frío del ambiente.

6. En los pasillos

- son oscuros —de naturaleza Yin — y conducen a los dormitorios

7. En los dormitorios

- son dos y se sienten templados
- en uno encontramos una zona de frío en el suelo, donde está la cama

- otro comunica la cabecera de la cama con la zona de la ducha del cuarto de baño
- los armarios son muy grandes y contienen muchos recuerdos familiares

A pesar de tener un tono ambiental adecuado, se drenará el Yang orgánico porque la cama está sobre una zona fría, y habrá perturbaciones debido a la presencia de aparatos eléctricos.

8. En el cuarto de baño

- es amplio
- está decorado en tonos blancos
- el inodoro se encuentra al lado de la cocina y la ducha al lado de un dormitorio
- el inodoro es lo que primero se ve al abrir la puerta

Esta pieza afecta al Yang de los alimentos por su proximidad con la pared de la cocina, y al del dormitorio por su cercanía al cabezal de la cama. Además, está en la línea de contacto visual. Estas condiciones hacen que se drene el Yang orgánico.

## *Diagnóstico del lugar*

Estamos ante un espacio con una mala orientación de la puerta principal, con una inadecuada distribución de los ambientes y el cuarto de baño, con un predominio de Yin en la decoración y mobiliario, creando una condición Yin extrema.

1. Si los habitantes tienen una tendencia a ser Yin, o también se encuentran en una condición Yin, su energía se polarizará con el paso del tiempo dando lugar a padecimientos de tipo frío.
2. Si los habitantes son Yang o están en una condición polarizada Yang, tenderán a sentir una mejoría momentá-

nea, aunque la desvitalización general de la energía adquirida terminará por debilitar su energía en general.

## *Armonización general*

1. El problema de la recepción de la energía adquirida por la casa es muy difícil, puesto que tiene orientación norte. Eventualmente podría intentarse crear un canal con espejos para forzar a la energía sur o este a entrar. También ayudaría pintar la fachada con colores cálidos como el anaranjado o el verde; la puerta podría barnizarse con un tono rojizo. Sin embargo, sabremos que la energía adquirida de esta casa será insuficiente, y sus moradores deberán compensar esto tomando regularmente el sol y procurando estar en contacto con la naturaleza.
2. El mobiliario en general es oscuro y pesado, lo que amplifica la naturaleza Yin de la vivienda. Deberán buscarse muebles más proporcionados a cada espacio, incorporando tonalidades luminosas y cálidas. Especialmente hay que hacer énfasis en lo siguiente:

    - Buscar un mobiliario pequeño y funcional para el recibidor y la sala de estar, distribuyendo los sillones de cara a la puerta principal.
    - Modificar la posición de la cama afectada por la ducha distanciándose de esta pared, situando el cabezal en una pared neutra.
    - Reubicar la cama afectada por la zona fría del suelo en una más templada.
    - Buscar una nueva disposición en la cocina, separando las zonas de frío y calor, y evitando la pared contigua con el baño y el inodoro (no la usaremos tampoco para un mueble alacena ya que también afectaría la calidad energética de los alimentos).

3. La iluminación y el calor ambiental deberán tonificarse en la zona de día: recibidor, sala de estar y comedor, por medio de:

    - colores cálidos
    - objetos triangulares y piramidales en rojo o verde
    - paisajes evocadores de la primavera y el verano
    - un espejo en el recibidor, una vez cambiado el mobiliario y mejorado la iluminación para crear una mayor sensación de espacio y potenciar el Yang

4. Sería necesario retirar todos los elementos que están amplificando el Yin en la zona diurna, como:

    - los colores grises, oscuros y negros
    - el cuadro de otoño
    - los muebles grandes y pesados con tonalidades oscuras
    - la sensación de oscuridad y penumbra a través de iluminación natural o artificial
    - la pecera
    - la escultura femenina de metal

    Si con estos arreglos continuamos percibiendo el frío ambiental, deberíamos pensar en utilizar madera o corcho para el suelo.

5. Habría que hacer copartícipes a los ocupantes a través de ejercicios de sensibilización como "El inventario de pertenencias", y estimularlos a crear conciencia del nuevo ciclo.

## *Una vivienda de condición Yang ambiental*

### *Observando el lugar*

Al aproximarnos a la casa observamos:

1. En la puerta principal

- calor y corriente acelerada
- orientación hacia el sur

Es una posición Yang favorable a los canales terrestres sur a norte, por tanto la casa tendrá un buen aporte de energía adquirida, aunque la hemos percibido agresiva y acelerada.

2. En el recibidor

- estrecho y rectilíneo, lleva directamente a la sala, pero luego esta alineado con un largo y luminoso pasillo
- sin muebles

El Yang entrará velozmente en la sala estableciendo un canal de aceleración con el pasillo.

3. En la sala de estar

- gran tamaño
- predomina el color amarillo
- los sillones están situados sobre un canal Yang que comunica la puerta principal con una ventana, estableciendo una diagonal que cruza la sala
- la luz es intensa debido a los grandes ventanales que dan al este y a una explanada

La sala, que debería tener un ambiente Yang suave, tiene una condición Yang extrema, por los canales acelerados que se establecen con el pasillo y la ventana, y porque no hay mobiliario ni decoración que ayude a suavizarla.

4. En la cocina

- gran luminosidad
- gran amplitud

5. En el comedor

- tiene grandes ventanales
- es amplio
- los muebles son ligeros

6. En los pasillos

- son muy largos y luminosos (Yang acelerado) y conducen a los dormitorios

7. En los dormitorios

- se sienten templados
- son amplios
- tienen televisores y radiodespertadores eléctricos
- tienen grandes ventanales
- son muy luminosos

8. En el cuarto de baño

- es amplio
- está decorado en tonos blancos

## *Diagnóstico del lugar*

Estamos ante un espacio Yang, con una buena orientación en la puerta principal, y un movimiento rectilíneo y acelerado de la energía en el interior de la vivienda.

1. Si los habitantes tienen una tendencia a ser Yin, o también se encuentran en una condición Yin, su energía se verá temporalmente estimulada y podrán sentirse bien en este espacio.

2. Si los habitantes son Yang o están en una condición polarizada Yang, se sentirán mal, ya que su insuficiente Yin orgánico será permanentemente drenado por el ambiente, favoreciendo una interconsumición del Yin.

### *Armonización general*

1. La recepción de la energía adquirida por la casa es buena; sólo hay que favorecer una entrada más suave de la energía, como por ejemplo:

    - situando dos grandes plantas a cada lado de la puerta principal
    - si el lugar lo permite, creando un jardín en el entorno de la casa
    - colocando un móvil en la puerta principal

2. En la zona de día de la casa, se debe atenuar la presencia de Yang para tornarlo más suave:

    - con un color Yin suave como el blanco en las paredes
    - colocando la escultura de metal femenina que descartamos en el caso anterior
    - situando una "pared" de plantas frente a los ventanales
    - colocando una fuente de agua o pecera grande
    - la luminosidad se podrá regular con cortinas blancas, atenuándola ligeramente

3. Los muebles en general podrían ser:

    - robustos, más grandes y proporcionados con el amplio espacio
    - pintados o tapizados en tonalidades terrestres y oscuras

4. La iluminación y el calor ambiental deberán regularse especialmente en la zona de noche —dormitorios y estudio—, a través de cortinas gruesas que favorezcan la penumbra, plantas y otros elementos como los descritos anteriormente.

5. Habría que hacer copartícipes a los ocupantes a través de ejercicios de sensibilización con ejercicios de conciencia corporal para captar el vínculo con la Tierra y la naturaleza, especialmente en ocupantes de condición Yang.

## *Agresiones de un entorno polarizado*

En el capítulo 3, Las ciudades: paisajes artificiales y entornos energéticos, se señalaron algunas de las principales desarmonías del entorno energético, bien por vías de aceleramiento de la energía, por formas agresivas de la arquitectura o por contaminación ambiental y auditiva.

Las situaciones más comunes en este tipo de afecciones en las viviendas y edificaciones son:

1. *Una calle o gran avenida con mucha circulación (Yang extremo), o un entorno con trazados y formas agresivas.* En estos casos, deberá crearse una barrera energética que repela la agresión y que estabilize la energía en la puerta principal. Esto se podría conseguir con grandes plantas en jardineras o macetones, con un seto o con árboles de hojas perennes.

   La distancia entre la barrera energética y la puerta principal deberá ser superior a los dos metros, dejando el ancho de la puerta descubierto para que exista comunicación con la energía adquirida.

   En el caso de viviendas cuya puerta de acceso está sometida a un aceleramiento debido a una calle muy transitada se sugiere poner un espejo en la puerta principal (que podría estar decorado u oculto), ya que esto retendría la energía en torno a esta zona de acceso, evitando su dispersión causada por la circulación de vehículos.

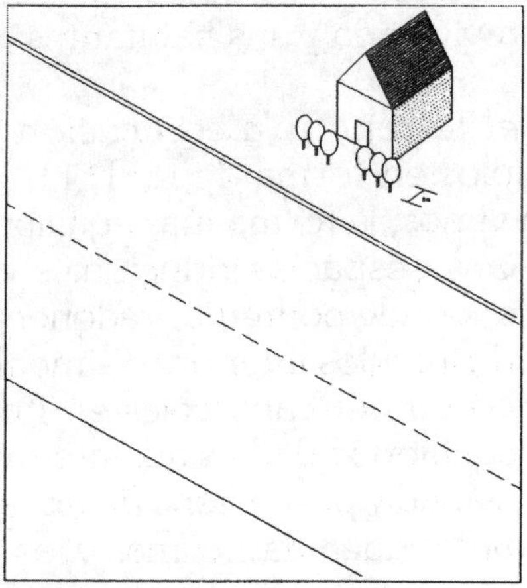

2. *Cuando la edificación está sometida a contaminación ambiental y sonora*, como por ejemplo, por una intensa circulación, una industria cercana, un aeropuerto... deberemos favorecer un microclima energético interior que sea lo más armónico posible y muy bien sincronizado con los ciclos diurno-nocturno y estacionales —relativos a Las Cinco Transformaciones—. Esto podemos conseguirlo con:

   - Plantas: un jardín exterior cuidado, y en el caso de una vivienda en un edificio con macetas en las ventanas y balcones; en el interior, con plantas especialmente situadas cerca de las paredes Yang (las que tienen aberturas al exterior como ventanas, ventanales o puertas).
   - Materiales de aislamiento acústico, como las cortinas de lana y el doble vidrio en ventanas, el corcho expandido para el recubrimiento de algunas paredes, o materiales Yin como la piedra, el mármol o el barro para

la construcción de paredes. Obviamente, la capacidad de absorción de sonidos estará en relación con la cantidad y el grosor de los materiales aislantes y la cámara interna de aislamiento. Además, los materiales deben ser elegidos de acuerdo con la condición general del lugar, la vivienda y sus habitantes.

3. *Cuando el terreno o la edificación es irregular,* como por ejemplo, en forma de L, T, H, U, en cuña u otras (como ya vimos, la forma más equilibrada para una construcción y sus espacios principales es el cuadrado o el rectángulo, donde podremos redondear las esquinas para ir formando círculos interiores, simbolizando la unión del Yin telúrico con el Yang celeste). Podremos armonizar estos desequilibrios de la siguiente manera:

   Si la vivienda posee espacio para un jardín, en éste se podrán redondear las formas y los ángulos de aceleración o estancamiento de la energía:

   - Creando cuadraturas exteriores en la edificación, para lo cual podemos usar árboles, grandes plantas en jardineras, postes de luz, rocas grandes, esculturas, objetos, marcas con pintura, etcétera.[50]
   - Formando cuadraturas interiores, básicamente con el uso de plantas u objetos decorativos.

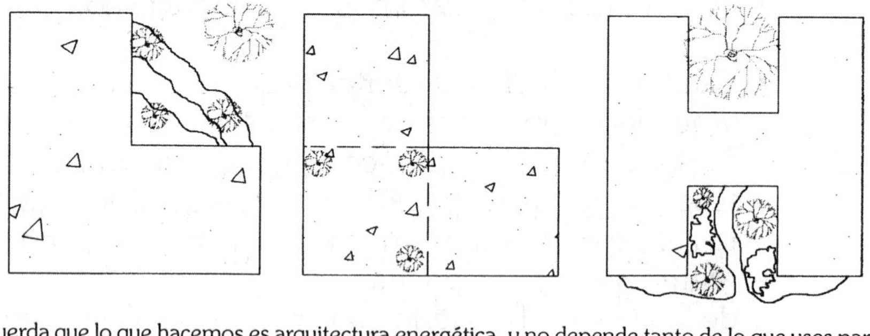

[50]Recuerda que lo que hacemos es arquitectura energética, y no depende tanto de lo que uses para captar la nueva referencia cuadrangular, sino de la atención que uses en este procedimiento para crear esta nueva referencia. Siempre que podamos crear estas referencias con árboles o grandes plantas, tendremos además, una influencia energética más saludable para nosotros.

4. *Cuando existen grandes perturbaciones del entorno.* Una vivienda estará sometida a una gran perturbación energética cuando se encuentre muy cerca de:

- grandes tendidos de red eléctrica
- grandes antenas repetidoras, receptoras y radares
- centros de medicina nuclear
- industrias contaminantes
- grandes cementerios
- minas a cielo abierto
- centrales nucleares
- basureros y vertederos

En estos casos, el influjo desvitalizante puede ser tan intenso que habrá que considerar buscar una vivienda con un entorno más adecuado. Estas energías tóxicas o perversas, en confluencia con condiciones polarizadas de una vivienda o de las personas que la habitan, pueden entrañar graves riesgos y trastornos para la salud.

## *Línea recta*

Ahora sabemos que la línea recta opera como un canal Yang de aceleración de la energía. Esto funciona principalmente en grandes calles y avenidas, pero en el interior de la casa también se establecen este tipo de canales de aceleración, principalmente en los pasillos largos y rectilíneos, y en la conexión de varias puertas o ventanas donde se crean flujos rectilíneos constantes. Estos flujos pueden afectarnos cuando se dan en ambientes de permanencia prolongada coincidiendo, por ejemplo, con una silla o con la cama.

Estos canales pueden aquietarse situando en su trayecto algunas plantas o móviles; en los largos pasillos también se pueden usar los colores oscuros, como por ejemplo, pintar el zócalo o friso, poner algún cuadro u objeto decorativo negro o azul marino.

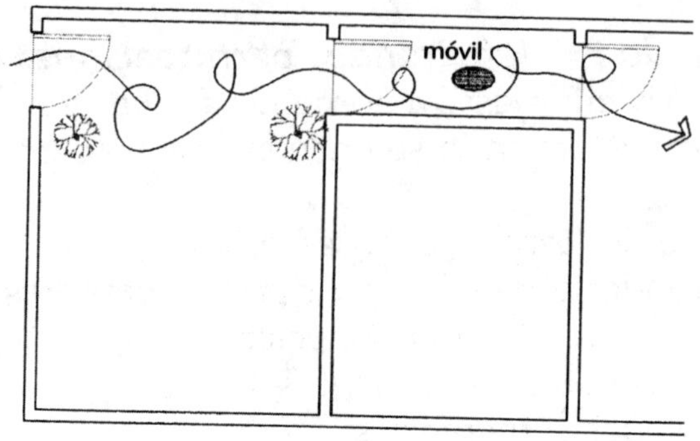


## *Pasillos laberínticos*

Es este caso estamos ante el estancamiento de los flujos de energía, especialmente si además el pasillo es oscuro y húmedo. En este caso, queda en riesgo de desvitalización la zona de la vivienda que queda al otro extremo del pasillo. Con una iluminación intensa y colores claros y vivos podremos dar mayor fluidez a la energía. En caso de que esta regulación sea insuficiente se creará un canal visual situando espejos en las inflexiones del pasillo, de manera que impulsen la energía hasta el otro extremo y así amplifiquen el efecto de la luz y el color.

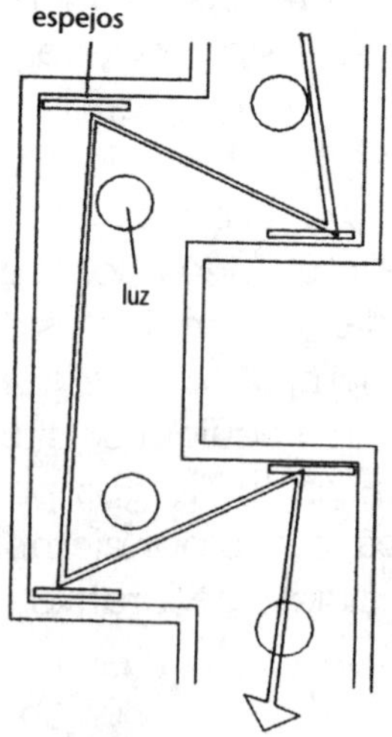

## *Dormitorios*

Volvemos a insistir aquí en la importancia del dormitorio como un ambiente biorregenerador que nos permitirá recuperar nuestra vitalidad Yin y darle un descanso adecuado al Yang orgánico (capítulo 4: La vivienda equilibrada). Los principales problemas que podemos encontrar en este ambiente son:

1. *Un cuarto de baño en el interior del dormitorio o en una pared contigua*. En el primer caso, deberíamos considerar cerrar la puerta de acceso y abrirla por un pasillo si es posible; de no ser así, la vitalidad energética del dormitorio estará siendo permanentemente drenada. De no ser posible esta solución, deberemos crear un "tapón energético" delante de la puerta de acceso al cuarto de baño, con una planta o un espejo. En el caso de la planta, se situará a un lado de la puerta del cuarto de baño.[51] Si ponemos un espejo delante de la puerta de acceso, este actuará como imán conteniendo la energía en la puerta, aunque la desventaja es que acelerará la vitalidad del ambiente desplazándolo hacia el Yang; en el caso del espejo, deberemos tener la precaución de que los ocupantes del dormitorio no se vean reflejados desde la cama, ya que en este caso la atención del sueño, que tiende hacia la profundidad y la introspección, sería reclamada por este elemento regulador.

[51]Existe la creencia "científico-popular" de que las plantas "roban" oxígeno por las noches, y por eso no es usual encontrarlas en los dormitorios. Si bien su funcionamiento en relación con la oxigenación es diferente al nuestro, la coexistencia es posible, incluso en la noche, beneficiándonos de otros aspectos como la limpieza e ionización del aire. La creencia de que este ciclo inverso de oxigenación del reino vegetal es perjudicial para nosotros, puede ser refutada simplemente durmiendo en una casa en un bosque o incluso bajo los árboles durante la noche: no tendremos síntomas de insuficiencia respiratoria.

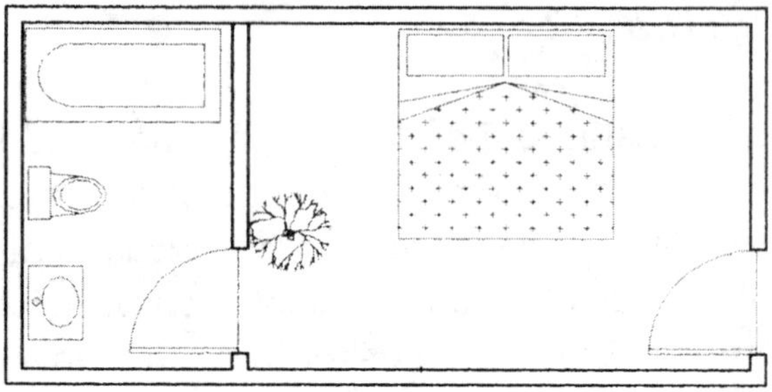

2. Una *red de tensión media adosada a la pared.* Únicamente hay que recordar que al ser el dormitorio un ambiente necesitado de Yin profundo y calmado, no es conveniente que esté sometido a la influencia de campos electromagnéticos (fundamentalmente Yang). Si una pared exterior sostiene una red de tensión media, habría que pensar en no usar esas habitaciones como lugares de permanencia prolongada tales como el dormitorio. Si esto no es posible, debería reclamarse a la compañía eléctrica la instalación de cables protegidos, y no usar la pared de conducción como cabezal o lateral de la cama. Además, sería conveniente usar materiales Yin en esas paredes y garantizar una buena toma a tierra a través de la estructura del edificio, ya que esto podría conducir y absorber parte del campo hacia la Tierra.
3. *La instalación eléctrica interior y los aparatos eléctricos.* La instalación interior, así como los aparatos que funcionan con electricidad (televisor, estéreo, teléfono, despertador, etc.), pueden provocar trastornos severos del sueño así como psicológicos o incluso agravar algunas enfermedades y padecimientos. Aumentan su carácter nocivo cuando los campos electromagnéticos que crean se suman a alteraciones energéticas del subsuelo como las condiciones Yin o Yang. Es preferible que el dormitorio no esté sometido a la influencia de la red,

la instalación y los aparatos eléctricos. Para ello podemos instalar un mecanismo de desconexión en la puerta del dormitorio.

4. *Base de la cama —somier— y colchón con componentes metálicos*: No son recomendables porque pueden ser un soporte de campos electromagnéticos que favorecen su conducción y desplazamiento hacia nuestra zona de reposo. Aunque nosotros podamos conseguir la desconexión de la red en nuestro dormitorio, siempre están las influencias de la instalación y los aparatos de los vecinos a través de los techos y paredes.
5. *Una cama de madera y un colchón de lana o algodón.* La madera no es conductora de campos electromagnéticos y es templada. Los colchones de lana y algodón trenzado favorecen y se adaptan mejor a la anatomía del cuerpo siempre y cuando la base de la cama sea de madera. Además, tienen la ventaja de que actúan como filtro regulador de ciertas influencias telúricas nocivas para el organismo.
6. *Oscuridad y penumbra.* Por último, hay que recordar que el dormitorio debe estar en penumbra durante el día y en la oscuridad a partir de la puesta del sol. Al integrar todos estos requerimientos, podremos conseguir un ambiente Yin profundo y tranquilo, tan necesario para nuestro organismo y vitalidad en las ciudades Yang extremas.

## Cuartos de baño

El cuarto de baño puede presentar dos alteraciones generales:

- *Cuando hay un contacto visual directo con el inodoro.* En este caso la energía del organismo sufre pequeñas pero continuas fugas de vitalidad. Para regular esta disfunción, pondremos cualquier barrera visual, como una mampara, una cortina, una planta, etc... Cuando por las dimensiones no sea posible usar alguno de estos recursos, situaremos un cuadro de colores vivos, un punto rojo, o cualquier otra atracción visual que impida que en el primer contacto la atención se fije en el inodoro.

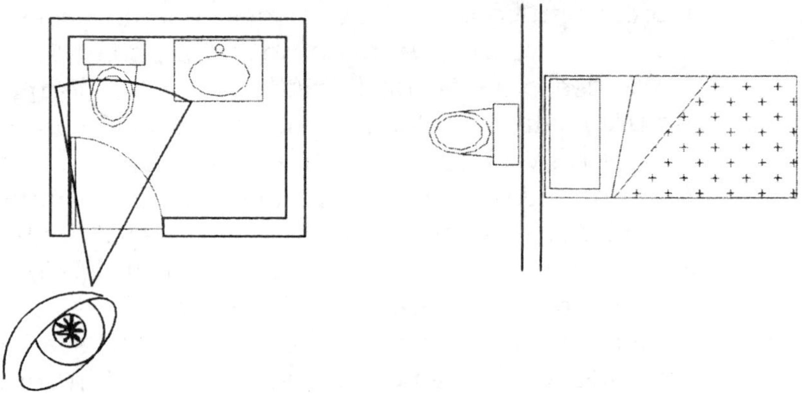

- *Alteración de paredes (cocina, estudio, dormitorios).* Recordemos que la afección de un inodoro a través de la pared puede ser muy perjudicial cuando comunica a los fuegos o la alacena de una cocina, al cabezal de una cama o una silla de un estudio. En estos casos hay que separar esta influencia, incluso considerando una remodelación del cuarto de baño.

## *Viviendas de reducidas dimensiones*

Una de las tendencias principales en la arquitectura de las grandes ciudades es la reducción y contracción del espacio, tanto en el exterior —al proyectar las edificaciones hacia el cielo limitando la perspectiva del horizonte y la sensación de espacio—, como en el interior de las viviendas, donde cada vez son menos los metros cuadrados para instalarse. Un ejemplo extremo son los pequeños departamentos que tienen un solo dormitorio, un cuarto de baño y un área común donde deben superponer los ambientes como la sala de estar, la cocina, el comedor o el estudio. En este caso, uno debe favorecer los tránsitos de un espacio a otro según el uso concreto en un momento dado, pudiéndolo crear con los siguientes recursos:

- *Con paredes y zonas energéticas.* Por ejemplo, podemos decorar una pared con motivos Yin profundos, como una foto del mar al atardecer o un cuadro de invierno y un color azul marino; preferiblemente sería una pared sin ventanas o puertas, lo que acrecentaría su fuerza Yin. En esa pared podemos tener nuestros libros, y en la mesa central —que cumplirá también funciones de mesa comedor— nos sentaremos hacia la pared Yin cuando queramos estudiar.

Otra pared puede ser Yang, donde esté la ventana más amplia con una bonita vista exterior y un buen aporte de luminosidad. Podemos decorarla con objetos y colores cálidos y brillantes. Al sentarnos a comer, nos orientaremos hacia esta pared captando su aspecto Yang:

- *Con plantas.* Para que pueda cumplir funciones de sala de estar, podemos integrar un ambiente con plantas, ya que nos vinculan a la energía suave de la primavera y a la Tierra favorecedora de encuentros y cooperación.

Las plantas exteriores en ventanas ayudarán a conectar la pequeña vivienda con los ciclos de la naturaleza, a captar más energía y a renovar el ambiente interior, que de otro modo tendería al estancamiento.

- *Sincronizando con el ciclo día-noche.* A medida que avance la tarde, será importante establecer el tránsito hacia la penumbra y la oscuridad, a través de cortinas gruesas si la iluminación exterior es muy intensa y con pequeños focos de luz. Si se estudia en la noche, debe haber buena iluminación en la mesa central, pero el ambiente circundante debe ser oscuro.

- *Con espejos.* Si el espacio es demasiado reducido, en algunas paredes podemos usar grandes espejos para duplicar la sensación de espacio, siempre teniendo en cuenta que no deben reflejar espacios con desarmonías. Si la energía se siente insuficiente, usaremos cuentas de cristal suspendidas en las ventanas y cuarzos para tonificarla.

## *Conclusión*

Los ejemplos expuestos en este capítulo son sólo orientaciones generales, ya que en realidad, las viviendas siempre son más ricas y diversas, y por lo general son múltiples combinaciones de energías, formas y desarmonías las que determinan los problemas concretos.

El inicio de una regulación o armonización de una vivienda debe estar precedido de un correcto diagnóstico que se fundamentará tanto en la percepción directa del lugar como en el estudio comparativo de los preceptos fundamentales del Feng Shui, en lo que se refiere a la energía telúrica y ancestral, la energía adquirida y la defensiva, tanto de la vivienda como de sus habitantes.

La regulación debe empezar por crear vacío y tomar conciencia del final e inicio de ciclo, y también se deben usar fluidamente los instrumentos y reguladores del Feng Shui para crear, dentro de un espectro casi infinito de ambientes energéticos, los más adecuados según la naturaleza del lugar y sus habitantes.

El uso indiscriminado e innecesario de instrumentos reguladores puede ser tan ineficaz como perjudicial. Cualquier regulación en la que se usan instrumentos debe estar guiada por la sencillez y la simplicidad, un arreglo apenas perceptible e integrado al ambiente general y su decoración.

# Consideraciones finales

## *La crisis*

Cuando a través del Feng Shui conseguimos una nueva arquitectura energética del ambiente, se pueden presentar dos apreciaciones nuevas:

1. Una mejora y un nivel de vitalidad mayor que el anterior; se viven nuevas experiencias y hay una sensación de inicio de un nuevo ciclo, de nuevos anhelos y perspectivas con posibilidades reales de concretarlas.
2. Un aparente empeoramiento, en el cual se pierde la estabilidad emocional, nos sentimos solos ante la incertidumbre y algunos síntomas o malestares tienden a agudizarse.

Si se ve en este segundo caso, posiblemente esté ante un tránsito que suele ocurrirles a aquellas personas que a través del Feng Shui o cualquier otra disciplina energética cierran un ciclo largo de su vida, con estructuras y presupuestos muy rígidos. En medicina y terapia holística esto se conoce como "crisis curativa".

Si éste es su caso debe permitirse atravesar esa crisis, ese caos repentino que supone la pérdida de referentes acostumbrados y muy arraigados. Estos tránsitos no deben ser muy largos: dos o tres semanas a lo sumo. Si esta sensación persiste, hay que revisar los arreglos y el diagnóstico del lugar porque seguramente no procedimos como se debía.

## *Las armonizaciones*

Aunque ahora usted conoce muchos elementos armonizadores, debe emplearlos con prudencia. Antes de proceder al uso de elementos reguladores en un lugar, debe seguir los siguientes pasos:

- sentir el lugar, percibirlo y observarlo
- crear una situación de vacío; desprenderse de lo caduco
- crear conciencia del nuevo ciclo
- manifestar el sentido y la intención del cambio
- vincularse con los ciclos estacionales

En muchas ocasiones esto es suficiente, es todo lo que hay que hacer para armonizar un lugar. Pero si hay que incluir instrumentos y reguladores energéticos, deben irse incorporando poco a poco, viendo el efecto que consiguen sobre el ambiente, y detenerse al sentir que ya se consiguió el medio energético adecuado.

La saturación de móviles, esferas, espejos y otros instrumentos a menudo amplifica las perturbaciones e insuficiencias de un lugar.

## *Intuición y espontaneidad*

Todo el proceso de diagnóstico y regulación ambiental debe estar conducido por la intuición y la espontaneidad. A veces es común que queramos hacer más caso al mapa —en este caso, el libro que usted tiene en las manos— que a nuestras sensaciones. Si después de una regulación siente que algo no está bien, debe hacerle caso a su cuerpo y buscar nuevas posibilidades. Una aplicación rígida y mentalista del Feng Shui podría ser insuficiente e incluso empeorar las condiciones iniciales.

Así que ahora es el tiempo de sentir, de darse cuenta y de explorar el universo de filamentos energéticos creando mejores ambientes, y descubriendo nuevas formas de ser y de existir.

## *El cielo y la Tierra progresan a través de la simplicidad y lo fácil*

A la energía, como al agua, le gusta dirigirse hacia la sencillez y la facilidad, y también le gusta la creatividad. Se debe saber que el Feng Shui es una disciplina oriental que tiene un referente cultural preciso, que difiere del occidental. Buena parte de la información que nos llega hoy sobre esta disciplina ambiental se refiere a antiguos textos, que en ocasiones se aplican rígidamente para otro contexto cultural y sin conocer o sentir el por qué. Esta traslación mecánica, suele terminar en una burda expresión de la forma y lo ritual, de un conocimiento que necesita una aplicación creativa, recatando la esencia energética, lo abstracto y transcultural de esta propuesta. Este conocimiento, en su esencia, ya reside en el cuerpo de energía, y emanará con todo su potencial cuando dejemos que fluya fácilmente, simplemente, como el artista que alcanza su pericia final con la libertad total, fuera de cualquier restricción social o cultural.

# Bibliografía


Blofeld, John, *La puerta de la sabiduría,* Barcelona, Herder, 1980.

——, *Lo secreto y lo sublime,* Madrid, Luis Cárcamo, 1983.

——, *Taoísmo,* Barcelona, Martínez Roca, 1981.

Bueno Mariano, *El gran libro de la casa sana,* Barcelona, Martínez Roca, 1992.

——, *Vivir en casa sana,* Barcelona, Martínez Roca, 1988.

Cano, Román, *Manual del sanador de casas,* Barcelona, Martínez Roca, 1993.

Capra, Fritjof, *Sabiduría insólita,* Barcelona, Kairós, 1990.

Chia, Mantak, *Despierta la energía curativa a través del Tao,* Madrid, Mirach, 1991.

Edde, Gerard, *La salud por el hábitat,* Barcelona, Índigo, 1991 (traducción de Mariano Bueno).

Embid, Alfredo (introducción y notas), *Su Wen-Huang Di Nei Jin So Ouenn (Manual de medicina corporal del Emperador Amarillo),* Madrid, Mandala, 1990.

Eitel, Ernest J., *Feng Shui,* Barcelona, Obelisco, 1993.

Eva Wong, *Feng Shui. The Ancient Wisdom of Harmonius Living for Modern Times*, Sambahala.

*I Ching, El Libro de las Mutaciones,* Buenos Aires, Edhasa/ Sudamericana, 1978 (versión de Richard Wilhelm).

Lawrence E. Joseph, *Gaia, la tierra viviente,* Cuatro Vientos Editorial, 1992.

*Ling Shu, Canon de Acupuntura,* Madrid, Las mil y una ediciones, 1982.
Lu K´uan Yü, *Yoga Taoísta-Alquimia e inmortalidad,* Madrid, Altalena editores, 1982.
Masunaga, Shizuto, *Ejercicios de imaginería Zen,* Madrid, Edaf, 1989.
Merz, Blanche, *Pirámides, catedrales y monasterios,* Barcelona, Martínez Roca, 1987.
Lao Tse, *Wen-Tzu, La comprensión de los misterios del Tao,* Madrid, Edaf, 1994 (versión de Thomas Cleary).
Spear, William, *Feng Shui,* Barcelona, Robin Book, 1996.
Watts, Alan, *El camino del Tao,* Barcelona, Kairós, 1979.
——, *La sabiduría de la inseguridad,* Barcelona, Kairós, 1991.

# Índice de ejercicios

Esta obra se terminó de imprimir
en abril de 1999, en
Fuentes Impresores, S.A.
Centeno 109 Col. Granjas Esmeralda
México, D.F.

La edición consta de 2,000 ejemplares